W0207779

LENOS POCKET 124

www.lenos.ch

Axelle Kabou

Weder arm noch ohnmächtig

Eine Streitschrift
gegen schwarze Eliten und weisse Helfer

Aus dem Französischen
von Monika Brüninghaus und Regula Renschler

Mit einem Vorwort
von Regula Renschler

Lenos Verlag

Titel der französischen Originalausgabe:
Et si l'Afrique refusait le développement?
Copyright © 1991 by L'Harmattan, Paris

LENOS POCKET 124

Dritte Auflage 2009
Copyright © der deutschen Übersetzung
1993 by Lenos Verlag, Basel
Alle Rechte vorbehalten
Satz und Gestaltung: Lenos Verlag, Basel
Umschlag: Anne Hoffmann Graphic Design, Zürich
Umschlagfoto: Olivier Blaise / Jeune Afrique, Paris
Printed in Germany

ISBN 978 3 85787 724 7

Inhalt

Vorwort

In dem Buch *Weder arm noch ohnmächtig. Eine Streitschrift gegen schwarze Eliten und weisse Helfer* vertritt Axelle Kabou die These, dass die Afrikaner selbst schuld seien am Rückstand ihres Kontinents. Die Mentalität und die Eliten seien die Haupthindernisse, dass Afrika nicht vorwärtskomme. Den *tiers-mondistes,* den Dritte-Welt-Sympathisanten in Europa, wirft sie vor, in den Afrikanern partout nur schuldlose Opfer von Kolonialismus und Neokolonialismus sehen zu wollen und in ihnen quasi die „edlen Wilden" wiederentdeckt zu haben, die eine noch heile Welt repräsentierten. So die Quintessenz ihrer Thesen. Als interessante Denkanstösse haben sie nichts von ihrer Brisanz verloren.

Als das Buch 1991 im französischen Original erschien, löste es in Westafrika und in Frankreich sofort eine heftige Diskussion aus. Axelle Kabous Streitschrift bewegte die Intellektuellen, wenige waren begeistert, viele, vor allem in Afrika, lehnten es empört ab. Sie wurde als Nestbeschmutzerin verunglimpft. Öffentliche Veranstaltungen mit der damals in Dakar wohnhaften Autorin gerieten zu scharfen Wortwechseln zwischen Befürwortern und Kritikern ihrer Thesen; afrikanische und französische Zeitschriften setzten sich mit dem Buch auseinander; Wissenschaftler und Politiker nahmen es zur Kenntnis. Zwei Jahre später wiederholte sich der heftige Disput in Deutschland und in der Schweiz, als die Übersetzung auf den Markt kam. Axelle Kabou sagte, was viele im Westen heimlich dachten. Sie selbst meinte in einem Interview, sie sehe ihr Buch nicht als eine mutige Tat an, sondern als einen Schrei des Zorns, *un cri de colère*.

Die Auseinandersetzung um Ursachen und Gründe des Rückstandes Afrikas gegenüber der übrigen Welt hält unvermindert an, mittlerweile zwischen „Afropessimisten" und „Afrooptimisten". Die Statistiken machen es den Afropessimisten leicht. Sie verweisen auf die neuesten Zahlen des Human Development Index, des Indexes der menschlichen Entwicklung der UNO, die auf Erhebungen aus dem Jahr 2005 beruhen. Laut diesen Zahlen liegen sämtliche Länder, die die letzten zwanzig Plätze von insgesamt 177 untersuchten Ländern einnehmen, in der Subsahara. Afrika ist am meisten von Lebensmittelknappheit und Kriegen betroffen, nirgendwo sonst findet ein solcher Staatszerfall statt, nirgends gibt es so viele Flüchtlinge und intern Vertriebene, aus keinem anderen Kontinent wagen so viele die gefährliche Flucht in den Westen. Auch die Intellektuellen und die gutausgebildeten Afrikaner verlassen ihre Heimat und finden Arbeit in den Industrieländern: Afrika leidet auch unter einem Brain-Drain. Nirgends gehen Aids, Malaria und Tuberkulose so häufig tödlich aus, nirgends ist die Lebenserwartung so niedrig, die Kindersterblichkeit so hoch. Nach wie vor fehlt es an Infrastruktur, an Ausbildungsmöglichkeiten, an einer Gesundheitspolitik, an Arbeitsplätzen, an Investitionen.

Mehr als die Hälfte der Afrikaner in den Ländern der Subsahara muss mit weniger als einem Dollar pro Tag auskommen, während die Reichen und Mächtigen ganz offen einem luxuriösen Lebensstil frönen und Geld auf ausländische Konten transferieren, statt es zu Hause zu investieren. Korruption und Vetternwirtschaft sind weit verbreitet. Ohne die Rücküberweisungen der in Europa arbeitenden Afrikaner, die bis zu einem Viertel der Deviseneinnahmen einzelner Staaten ausmachen, ginge es vielen Familien noch schlechter.

Afrooptimisten betonen, dass es in Afrika seit der Mitte der neunziger Jahre wirtschaftlich wieder aufwärts geht, mit jährlichen Wachstumsraten zwischen einem und drei Prozent, sie verweisen auf Länder, die mit *good governance,* guter Regierungsführung, Ernst gemacht haben, wie Ghana, Botswana, Tansania oder Mauritius; sie weisen auf den gut funktionierenden informellen Sektor hin, auf die Überlebenskraft der Afrikaner, auf die grossartigen Leistungen der Frauen.

Es gibt Gründe genug, den Rückstand Afrikas mit äusseren Faktoren zu begründen. Der Kolonialismus hat die selbständige Weiterentwicklung der afrikanischen Reiche zerstört, Völker getrennt, willkürliche Grenzen gezogen. Das Fehlen der Schrift wurde als Mangel, andere religiöse Wertvorstellungen wie die Verehrung der Ahnen als Geisterglauben, lokale Medizin als Hexerei und die Tradition des Teilens und der Verantwortung innerhalb der Grossfamilie als rückständig abgetan. Der Postkolonialismus verordnete den unabhängig gewordenen afrikanischen Ländern westliche Werte, westliche Schulsysteme und westliche Sprachen. Die vormaligen „Mutterländer" sorgten dafür, dass die ehemaligen Kolonialländer billige Rohstofflieferanten blieben, und missbrauchten sie zur Durchsetzung eigener Interessen auf dem internationalen Parkett. Auch die Strukturanpassungsprogramme von

IWF und Weltbank und die Liberalisierung des Handels benachteiligen die Afrikaner.

Axelle Kabou verneint weder die äusseren Faktoren noch die Bedeutung der Geschichte, sie will sie nur nicht als einzige Schuldzuweisung seitens der Afrikaner gelten lassen. Sie wehrt sich gegen Sündenbocktheorien auf beiden Seiten und fordert ihre Landsleute auf, ihr Schicksal endlich in die eigenen Hände zu nehmen, kreativ und innovativ zu werden. Afrika sei schliesslich weder arm noch ohnmächtig, es müsse auf seine eigenen Kräfte bauen und sich endlich überlegen, wie es sich selbst ernähren könne. Afrika brauche eine soziokulturelle Revolution, eine Veränderung der afrikanischen Mentalität, ein Überdenken der geltenden Wertesysteme und eine Ablösung der bisherigen Machteliten. Dies sei die Voraussetzung zur Schaffung einer konkurrenzfähigen Wirtschaft und verlässlicher staatlicher Strukturen, die Afrika von Hilfe unabhängig machten und den Afrikanern ihr Selbstbewusstsein zurückgäben. Axelle Kabou fordert keine radikale Abkehr von den überlieferten Traditionen; was sich bewährt habe, solle einfliessen in neue Werte und neue Traditionen, sagt sie. Doch davon, klagt sie in dem Buch, könne keine Rede sein. Nirgendwo in Afrika gebe es einen gesellschaftlichen Entwurf, nirgends gebe es neue soziale Ideen, nirgends machten sich die Afrikaner die Erfindungen der anderen wirklich zu eigen. Bestenfalls lebten die Afrikaner in zwei Welten.

Wer ist die umstrittene Autorin? Axelle Kabou, 1955 in Douala, Kamerun, geboren, studierte in Nanterre bei Paris, an einer Universität, die sie selbst als *tiers-mondiste par excellence,* als Hort von Dritte-Welt-Verbesserer-Ideen, bezeichnet, und sie fühlt sich der Generation der Nachachtundsechziger zugehörig, die glaubten, die Welt kraft des Gedankens und anders gelebter Strukturen verändern zu können. Axelle Kabou kehrte mit Diplomen in Englisch, Ökonomie und Kommunikation nach Afrika zurück. Nach ihrem Studium war sie als Projektkoordinatorin in Gambia und als Beraterin in der damaligen Konföderation Senegambia tätig. Sie arbeitete ferner für das amerikanische Hilfswerk Christian Children's Fund und war in Abidjan, der früheren Hauptstadt der Elfenbeinküste, für UNDP, das Entwicklungsprogramm der UNO, tätig. Danach verliert sich ihre Spur. Journalisten, Politiker, Experten suchen sie bis heute vergeblich. Wir wissen nicht, ob sie unter einem anderen Namen tätig ist oder ob die harsche Kritik nach Erscheinen ihres Buches sie zum Aussteigen aus der Welt der Politik und der Publizistik bewogen hat. Den Plan, ein Buch über die afrikanischen Eliten zu schreiben, hat sie nicht verwirklicht.

Regula Renschler
Basel, im Februar 2009

„Die Afrikaner dürfen nicht in die Falle gehen, die immer offensichtlicher wird und die sich einige von ihnen selbst stellen: die Falle der Verweigerung der Entwicklung.“

Edem Kodjo[1]

„Schliesslich werden wir mit einer Gegen-Mythologie konfrontiert. Auf den negativen, von den Kolonialmächten aufgezwungenen Mythos folgt ein positiver Mythos, der von dem Kolonisierten selbst ausgeht ...

Nach Auffassung des Kolonisierten und seiner Freunde ist alles gut und alles in den hergebrachten Sitten und Traditionen, Handlungsweisen und Vorstellungen beizubehalten, selbst Anachronistisches oder Ungeordnetes, Unmoralisches oder Irrtümer. Alles lässt sich rechtfertigen, weil sich alles erklären lässt.“

Albert Memmi[2]

Einleitung

Die Gründe für die Unterentwicklung Afrikas, heisst es, haben im allgemeinen nur wenig mit der afrikanischen Mentalität zu tun. Daher überrascht es vielleicht, wenn die Stagnation Afrikas just damit erklärt wird, dass Afrika sich gar nicht entwickeln wolle – und dies zudem in einer Zeit, in der der afrikanische Fortschrittswille unbestritten scheint. Die Gründe für die Stagnation Afrikas sind schliesslich längst in einem quasi offiziell abgesegneten Katalog zusammengefasst, worin wenig überzeugende Erklärungen, Absichten und vorgefasste Meinungen vorgeben, die Wirklichkeit zu spiegeln. Diese Allgemeinplätze ersparen ein tiefgreifendes Nachdenken über die wahren Motive der Afrikaner und zementieren gleichzeitig eine in vielerlei Hinsicht katastrophale Situation. Denn im Laufe der Jahre erreichten Not und Verarmung fast alle Gesellschaftsschichten.

Nun ist es aber nicht sicher, dass der gegenwärtige Zustand Afrikas solche Klischees noch lange Zeit erträgt. Es gibt nämlich zahlreiche Hinweise darauf, dass die während und nach den Unabhängigkeitskämpfen geschaffenen postkolonialen Mythen nunmehr ihren maximalen Nutzen als Faktoren zur sozialen Stabilisierung hinter sich haben. Das heutige Afrika ist von einer Art Fieber ergriffen; der lange Zeit zurückgehaltene Ehrgeiz bricht hervor.

Diese Ambitionen, die sich nicht sinnvoll entfalten können, sind eine Gefahr für die Fundamente einer kurzsichtig konzipierten Gesellschaftsordnung, die immer mehr soziale Ungleichheiten schafft. Es sieht so aus, als ob die sattsam bekannten Erklärungen und Klischees, die bisher den Stillstand dieses sich seit dreissig Jahren in einem angeblichen Entwicklungsprozess befindlichen Kontinents kaschierten, angesichts unhaltbarer ideologischer und wirtschaftlicher Widersprüche zu Makulatur werden könnten.

Fängt der Afrikaner etwa an, Forderungen zu stellen? Was wird aus den Unruhen in den Ländern der Westküste Afrikas – von Senegal bis Gabun über die Elfenbeinküste, Niger und Benin –, wo Studenten, Bauern, Hausfrauen und Angestellte wichtige Fragen zur Zukunft aufwerfen? Nach dreissig Jahren sozialer Lethargie ist eine kritische Generation herangewachsen. Auf der Suche nach Antworten, die vielleicht gefährlich, aber intellektuell immer noch befriedigender sind als die Sündenbocktheorie, die dieser jungen Generation in die Wiege gelegt wurde, weigern sich junge Afrikaner heute, die mit blossem Auge sichtbaren afrikanischen Ungereimtheiten noch länger hinzunehmen: Sie verlangen Klarheit, Transparenz, Konsequenz und Menschenwürde.

In der Tat kennen wir alle die eine oder andere Anekdote, die schlecht in die offizielle Begründung für die Unterentwicklung Afrikas passt.

Gerade wer diese Anekdoten kennt, kommt nicht an der Frage vorbei, was die – bislang jeden Rückstand erklärenden – Thesen vom neokolonialistischen Komplott oder von der Unbeholfenheit des „geradewegs in die Moderne integrierten Afrika“ heute noch wert sind. Aber kaum taucht ein leiser Zweifel auf, wird er unter dem Gewicht angeblich unwiderlegbarer Beweise erstickt. Afrika kann nur Opfer sein: Der Sklavenhandel, die Kolonisation, die Apartheid, die Verschlechterung der „Terms of trade“ und die Verschuldung beweisen doch, dass der Hauptteil der Verantwortung nicht in, sondern ausserhalb von Afrika liegt. Der daraus folgende immergleiche Refrain: Der schwarze Kontinent ist seit vier Jahrhunderten unfähig, sein Schicksal selbst in die Hand zu nehmen – man weiss es in der ganzen Welt. Aber stimmt das wirklich? Die Afrikaner sind jedenfalls davon überzeugt, dass sie nicht zur aktuellen Weltgeschichte gehören und nur durch einen historischen Zufall überhaupt existieren.

Dieses Buch soll freilich nicht eine weitere Sammlung von Anekdoten über die bizarren politischen Gebräuche Afrikas sein. Ich möchte vielmehr meinen Teil zu den Überlegungen beitragen, die heute mehr und mehr angestellt werden müssen, um den Ursachen der Unterentwicklung Afrikas mit Hilfe einer ganzheitlichen Sicht auf den Grund zu gehen.

Denn es ist in der Tat auffallend, dass offensichtlich reaktionäre und widersprüchliche Verhaltensweisen, die in anderen Kontinenten völlig inakzeptabel wären, auf allen Ebenen der sozialen Hierarchie Afrikas die Norm sind. Dadurch wird eine seit Beginn der Unabhängigkeit ohnehin schon heikle Situation noch verschärft, und Änderungen werden verunmöglicht. Diese Verhaltensmuster deuten auf ein bereits verinnerlichtes ideologisches Modell hin, das niemand anzutasten wagt, da die afrikanische Mentalität entweder tabu ist oder durch Negrismus und Afrikanismus verherrlicht wird.

Afrika hat sich jedoch seit dem Zweiten Weltkrieg und besonders seit der Unabhängigkeit vor gut dreissig Jahren sehr verändert. In den neunziger Jahren ist es deshalb schlicht unmöglich, weiterhin auf der Grundlage der Arbeiten von Tempels[3], Griaule[4] und Frobenius[5] über afrikanische Mentalität zu sprechen. Dieses Buch strebt daher ein dreifaches Ziel an:

– zu erklären, weshalb der Widerstand gegen die Entwicklung nicht ohne weiteres erkennbar ist,
– die Quellen aufzuzeigen, aus denen das afrikanische Bewusstsein seit der Unabhängigkeit schöpft,
– und schliesslich die Denkmuster zu zerpflücken, mit denen Afrika den Fortschritt ablehnt.

Die Unterentwicklung Afrikas ist kein Ergebnis des Zufalls – gleichgültig, welche Epoche man untersucht. Und alle Afrikaner meiner Generation – das nehme ich wenigstens an – glauben mehr oder weniger zu wissen, warum Afrika im Elend versinkt und sich vielleicht niemals wieder daraus befreien kann. Welchen Bereich man auch immer betrachtet, die afrikanische Gesellschaft funktioniert in einer Grauzone zwischen Legalität und Illegalität, in der sich die Afrikaner mittels der „Combine", der Vetternwirtschaft, bewegen – also mittels Gewohnheiten, Tricks, Vereinbarungen unter der Hand, Gefälligkeiten und Zugeständnissen. Selbstverständlich hat eine solche Gesellschaft keine Chance, sich zu verändern.

Afrika ist eine Art Sackgasse, eine Endstation, ein Abstellgleis, wo keinerlei Hoffnung auf Verbesserung erlaubt ist. Alles scheint von vornherein zur Verschlechterung, zum Stillstand, zum Zerfall verurteilt. Daher ist es höchste Zeit aufzuzeigen, wie das alles funktioniert, und vor allem die Frage zu stellen, wie Afrika selbst den Begriff „Entwicklung" sieht – und sei es nur, um den Wirrwarr unantastbarer und erstarrter Ideen etwas zu klären, aus dem das afrikanische Gedankengut seit der Unabhängigkeit besteht.

Daher steht dieses Buch für eine Generation, die ihrer Zukunft beraubt wurde und die deshalb gegen dieses Gedankengut und gegen die engstirnigen Nationalismen kämpfen und sich für die Verwirklichung eines grossen, starken und würdigen Afrika einsetzen will.

Erster Teil

Gründe für die Unterentwicklung

Frage: Was versteht die Autorin als Entwicklung?

Ein voranschreiten in eine eurozentristische Version von Gesellschaft?

1. Kapitel

Afrika will sich nicht entwickeln

1. Der afrikanische Wille zum Fortschritt: ein beharrlicher Mythos

Manche Ideen halten sich hartnäckig, und mitunter verdanken sie ihre Existenz nur dem Ruhm und der Ehre, aus der sie hervorgegangen sind: Da der Drang der Afrikaner, sich aus der Unterentwicklung zu befreien, die zum Teil blutigen Kämpfe für die Unabhängigkeit gerechtfertigt hat, ist der afrikanische Fortschrittswille seit dieser Zeit Teil eines Glaubens, den man – aus Angst, ein Sakrileg zu begehen – kaum anzugreifen wagt. Beim derzeitigen Stand der Forschung im Bereich Entwicklung weist indessen nichts mit Sicherheit darauf hin, dass sich Afrika wirklich entwickeln will. Vielmehr scheint alles auf das Gegenteil hinzudeuten[1].

Weshalb also diese Verblendung? Warum tut die internationale Gemeinschaft seit dreissig Jahren so, als ob Entwicklung selbstverständlich wäre? Ist die Entwicklung Afrikas mehr als ihre tägliche Inszenierung in den staatlichen Medien[2]? Wo kann man in der afrikanischen Realität Entwicklung wirklich feststellen? Und wenn trotz allem ein stillschweigender Konsens darüber existiert, dass Schwarzafrika sich entwickeln will, könnte es sein, dass dieser Mythos wichtige Nebenfunktionen hat?

Offiziell geht es um die Verbesserung der Lebensbedingungen der afrikanischen Bevölkerungen. Aber ist die fortschreitende Verschlechterung dieser Lebensbedingungen nicht ein Anzeichen dafür, dass wir es vielmehr mit Betrug auf allen Ebenen zu tun haben? Der Mythos vom afrikanischen Willen zur Entwicklung scheint drei wesentliche Funktionen zu erfüllen. Erstens wird von vornherein die politische Klasse von jeglichem Verdacht der Inkompetenz reingewaschen, indem man die Aufmerksamkeit der Afrikaner auf ein permanentes internationales Komplott ablenkt; je länger dies andauert, desto mehr Gründe hat die politische Klasse, an der Macht zu bleiben. Zweitens sollen sich die Afrikaner weiter mit Einheitsparteien zufrieden geben, deren Ziele verschwommen sind. Und drittens wird eine grosse Anzahl von Experten mit nie endenden Dienstreisen und Forschungsaufträgen versorgt, deren Zwecklosigkeit, gemessen an der sich verschlimmernden Unterentwicklung, noch nicht einmal hinterfragt wird.

Mit anderen Worten: Je weniger sich Afrika entwickelt, desto stärker wird der Mythos von seinem angeblichen Verlangen nach Fortschritt. Es ist nämlich nicht offensichtlich, dass Afrika sich entwickeln will. Die Afrikaner wissen dies auch, hängen es aber wegen der obgenannten Nebenfunktionen nicht an die grosse Glocke. Stellen wir uns tatsächlich einmal vor, dass das offizielle Afrika ganz deutlich erklärte, es sei nicht an Fortschritt interessiert: Viele internationale Beziehungen würden sofort abgebrochen, und unsere Diktaturen hätten keine Existenzberechtigung mehr.

Zwar wird dem Mythos von Zeit zu Zeit hart zugesetzt; vernünftige Leute, die genug haben von der alten Leier von

Neokolonialismus und Imperialismus, verfassen bitterböse Werke über die Korruption der afrikanischen Politiker. Afrikanische Intellektuelle, die es leid sind, von Leuten, die ihnen selten das Wasser reichen können, als Hampelmänner behandelt zu werden, bringen das Geschwür in Streitschriften erzürnt zum Platzen. Wenn die Wogen sich geglättet haben, nimmt jedoch der Fluss wieder seinen ruhigen Lauf. Denn selbst scharfe Kritik bewirkt bei weitem nicht die erhofften Veränderungen, sondern trägt im Gegenteil zur Verfestigung, ja sogar zur Verschlimmerung der Situation bei. Die Schandtaten der „Combine“, des Klientelismus und der Vetternwirtschaft, werden ans Licht gezerrt, geraten zur Banalität und erhalten durch den Skandal sogar eine gewisse Legitimität[3]. Wie schaffen es die Afrikaner, so viel Skrupellosigkeit auszuhalten? Durch ihren traditionellen Fatalismus – so hat man oft, wenn auch voreilig, gefolgert. Wir werden noch an späterer Stelle sehen, dass die Dinge bei weitem nicht so einfach sind.

Der sogenannte afrikanische Wille zum Fortschritt hat erst durch die Medien einen greifbaren Ausdruck bekommmen: Die Berichterstattung von Presse, Rundfunk und Fernsehen über die Verhandlungen zwischen der EG und den AKP-Staaten[4], über die „vom IWF auferlegten“ Strukturanpassungsprogramme, über die Ansprüche der „Armen“ an die Adresse der „Reichen“, wenn letztere sich über den Lauf der Welt einigen – all das sind in der Vorstellung der Afrikaner Rennbahnen mit Hindernissen, Kampfplätze und Schlachten, wo die afrikanische politische Klasse mit ihrer ganzen Muskelkraft und ihrem Fortschrittswillen gegen den jahrhundertealten Feind antritt.

Welcher Afrikaner hat nicht atemlos mitverfolgt, was aus der zornigen Weigerung Houphouët-Boignys werden würde, seine Ernten zu sinkenden Preisen zu verkaufen und die Schulden der Elfenbeinküste zurückzuzahlen[5]? Wer hätte die empörten Erklärungen Mobutus gegen das „Diktat des IWF" vergessen[6]? Doch der Schlagabtausch Nord–Süd zeigt immer wieder dasselbe Bild: ein ohnmächtiges Afrika, das seine Rechte im internationalen Handel nicht durchsetzen kann. Der afrikanische Wille zur Entwicklung wird so in den Köpfen der Afrikaner schliesslich identisch mit dem guten Willen der Kreditgeber. Ob von ungleichem Handel, Schulden, Projektfinanzierungen oder sogar Gehaltszahlungen die Rede ist, die Chance, selbst zu handeln, liegt für Afrika unabänderlich ausserhalb der Reichweite. Daher wird Entwicklung auf allen Ebenen als ein unrealisierbares Ziel angesehen oder als ein Vorhaben, das von den Kräften einer viel stärkeren Macht immer wieder vereitelt wird. Das ist nicht weiter erstaunlich, wenn man sich in Erinnerung ruft, dass die politische Klasse Afrikas ihre Legitimität und Glaubwürdigkeit nur dem verbreiteten Glauben an das Vorhandensein eines neokolonialistischen Komplotts verdankt.

Dreissig Jahre Desinformation und anti-imperialistische Berieselung ohne entsprechende Taten machen, dass der Afrikaner heute völlig unfähig ist, sich selbst als ein Wesen zu begreifen, das den Lauf seiner eigenen Existenz bestimmen kann. Es kommt noch schlimmer: Die „Kampagne" wurde so gut geführt, dass Afrika mittlerweile davon überzeugt ist, nicht im geringsten für sein Schicksal verantwortlich zu sein. Der Mythos der Ohnmacht ist so sehr im Kopf des Afrikaners verankert, dass mindestens ein halbes Jahrhundert „Gegenpropaganda" nötig wäre, damit er endlich einsieht, dass zwischen dem, was er tut, und dem, was er ist, eine direkte Beziehung besteht. Die Verweigerung der Entwicklung beginnt damit, dass Afrika die Verantwortung für seine Geschichte nicht übernehmen will, und mündet in einen von Partikularinteressen bestimmten passiven Widerstand, der eine Analyse praktisch verunmöglicht.

2. Für eine Rehabilitierung des Begriffs „Unterentwicklung"

Ich habe bereits erwähnt, dass sich die Afrikaner ihre Unterentwicklung im allgemeinen als das Resultat von Machenschaften und des bösen Willens fremder Mächte vorstellen, die seit vier Jahrhunderten entschlossen sind, Afrika in einem Zustand der Abhängigkeit zu halten.

„Überall", so schreibt Mohamadou Kane zu diesem Thema, „besteht die gleiche These; sie stützt sich auf die Arbeiten von Historikern und wird von dem jeweils gültigen Nationalismus inspiriert. Sie besagt, dass das traditionelle Afrika eine in sich geordnete und dynamische Welt war. Erst das Eindringen Europas blockierte quasi ihr Funktionieren und löste später ihren Niedergang aus."[7]

Diese in den Köpfen lebendig gebliebene Überzeugung wird zur Zeit von einer Handvoll afrikanischer Intellektueller bekämpft, die ebendiesen Nationalismus verwerfen und an der Reaktivierung der panafrikanischen Pläne von Kwame N'Krumah, des früheren Präsidenten Ghanas, arbeiten[8]. Die Mehrheit der Afrikaner indessen, die eine Schule besucht haben, empfindet die aktuellen Fragen der Verschuldung und der Verschlechterung der „Terms of trade" weiterhin als eine neue Variante der alten Neigung des Westens, Glasperlen gegen Edelsteine zu tauschen.

Die Berechtigung der Vorstösse etwa eines Houphouët-

Boigny zugunsten einer besseren Bezahlung seiner Rohstoffe ist unbestritten. Aber dient diese zwanghafte Beschränkung auf die finanziellen und wirtschaftlichen Aspekte der Stagnation, deren Ursachen doch unendlich vielschichtiger sind, nicht dazu, wesentliche soziokulturelle Tatsachen zu verschleiern, die auf makroökonomischer Ebene, wo die Meinungen gemacht werden, gar nicht mehr wahrnehmbar sind?[9]

Die Unterentwicklung Afrikas geht nicht auf einen Mangel an Kapital zurück. Dies zu glauben, wäre naiv. Um zu verstehen, warum sich die Situation dieses Kontinents trotz seiner beträchtlichen Reichtümer ständig verschlechtert, müsste man zunächst einmal untersuchen, wie sich das Phänomen in den Köpfen der Afrikaner abspielt. Aber die ausländischen und afrikanischen Experten weichen dieser Frage aus und flüchten sich in das, was der Historiker Ki-Zerbo „strikte statistische Neutralität“[10] genannt hat, und zwar aus Angst, von der afrikanischen Mentalität zu sprechen: Sie ist zumindest seit Lévy-Bruhl tabu.[11] „Entwicklung kann nicht allein durch die Wirtschaftswissenschaften erfasst werden“, sagt Albertini. „Sie ist ein komplexer Vorgang, der ebenso mit ökonomischen wie mit soziologischen, psychologischen und politischen Aspekten des Lebens einer Gesellschaft zusammenhängt.“ Und er führt weiter aus: „Die Entwicklung setzt das Erscheinen einer neuen Welt voraus und nicht lediglich eine Zunahme des schon Bestehenden.“[12]

Meine These lautet: Die Entwicklung käme auch dann nicht in Gang, wenn Afrika über Milliarden Dollar verfügen könnte. Denn seit der Unabhängigkeit ist nichts, aber auch gar nichts unternommen worden, um in Afrika eine neue Vision des eigenen Selbst und der Aussenwelt zu schaffen. Ganz im Gegenteil: Wie schon früher Robert Arnaut[13], so erinnern Alain und Edgar Hazoumé[14] daran, dass Afrika mindestens zwei Gesichter besitzt: das offizielle Gesicht, das aus Zahlen, Statistiken und amtlichen Erklärungen besteht. Und das Gesicht eines Alltags, das von verschiedenen Gesetzen, kleinen Gefälligkeiten, „Geheimkodes" regiert wird, deren Einhaltung Vorrang hat vor den dringenden Erfordernissen der Entwicklung.

Nun bilden aber diese selbstmörderischen Verhaltensweisen und Einstellungen, die vorschnell mit dem Fortbestehen traditioneller Kultur gleichgesetzt werden, eine neue Ideologie, auf die sich die afrikanische Elite beruft, weil sie sich ihrer Verwestlichung schämt.[15] Diese neue Ideologie lastet schwer auf dem Begriff Entwicklung. Von aussen betrachtet, steht Afrika scheinbar ständig am Rande des Abgrunds und liegt ständig im Sterben. Aber welch ein Unterschied, wenn man es von innen untersucht! Unweigerlich ist man von dem Eifer erstaunt, mit dem die Afrikaner methodisches Vorgehen und Organisation ablehnen. Sie vergeuden ihre mageren Ressourcen und vereiteln alles, was auf lange Sicht zum Vorteil von möglichst vielen Menschen funktionieren könnte.

Transparenz, Folgerichtigkeit und logisches Denken sind ihnen verhasst. Auf allen Stufen der Gesellschaft – und das ist das Beunruhigende am Abdriften Afrikas – neigen die Afrikaner zum Improvisieren, sie leben in den Tag hinein und sind unfähig zu langfristigen Planungen. Für den Fall eines Fehlschlages ist ausser der Hoffnung auf eine Intervention aus dem Ausland, die im übrigen als eine historische

Schuld angesehen wird, nichts vorgesehen.[16] So ist Afrika, so sind die Afrikaner: Menschen mit einer Art zu denken und zu handeln, die folgenschwer für das tägliche Leben ist, die aber nie auf der langen Liste der offiziellen Ursachen für die Unterentwicklung auftaucht; es ist das Bild eines Afrika, welches das gängige Nord-Süd-Klischee nicht wahrhaben will, das längst die Vergeudung dem Norden mit seinen Satten und den Mangel dem Süden mit seinen Hungernden zugeordnet hat. Warum eigentlich die Wahrheit verschweigen, wenn sie uns doch so vieles lehren könnte? Werden dadurch nicht die wichtigsten Gründe für die Stagnation Afrikas ausser acht gelassen? Schliesslich sind gewisse Reiche der afrikanischen Länder reicher als gewisse Reiche der reichen Länder. Was machen sie mit ihrem Geld?

Dreissig Jahre „Betreuung“ und Finanzierung durch das Ausland, dreissig Jahre Unterschlagung und Hinterziehung haben anscheinend die afrikanische Bourgeoisie endgültig davon überzeugt, dass ihr Geld nicht zur Entwicklung ihres Kontinents beitragen kann: Diese Rolle fällt von jeher den ehemaligen Kolonialmächten zu.

Afrika ist ein Meister in der Verschwendung von Zeit, Geld, Tatkraft und Können. Es ist völlig versteinert, unfähig, sich mit einer seiner katastrophalen Situation angepassten Geschwindigkeit vorwärtszubewegen, und seit gut vier Jahrhunderten blind und taub gegenüber den Realitäten der Welt. Und will dennoch, dank der umfangreichen Kapitalspritzen, eine wichtige Rolle im 21. Jahrhundert spielen und eine Entwicklung vorantreiben, die bis anhin – so behauptet das offizielle Afrika – lediglich wegen der Verschuldung nicht so recht in Gang gekommen sei. Mindestens drei Faktoren beweisen die Nichtigkeit dieser Behauptung.

Erstens hat noch kein afrikanisches Land bis zum heutigen Tag ein Stadium von Entwicklung erreicht, in dem das Kapital eine produktive Rolle spielen könnte. Begriffe wie Kontrolle und Motivation zum Beispiel sind in Afrika völlig unbekannt.

Zweitens kann Geld nicht selbständig tätig werden: Entwicklung, und wäre es auch nur der kleinste Schritt, ist fast ausschliesslich das Produkt eines kreativen Geistes in einem Kontext, der die Verbindung von Ergebnissen der eigenen Erfindungsgabe mit Ideen aus anderen Kulturen fördert. Entwicklung setzt Neugierde voraus und Angst vor Verarmung und Not. Ist das in Afrika wirklich der Fall?

Drittens hat Afrika bei weitem nicht die materiellen und psychologischen Vorbedingungen geschaffen, durch die es sowohl die Neuerungen von aussen als auch die Kreativität einer doch zunehmenden Anzahl von Afrikanern, gebildeten und Analphabeten, nutzen könnte.

Dieses Afrika also, das einerseits lautstark die Errichtung einer neuen internationalen Informationsordnung verlangt und eine bessere Verteilung der Erträge aus dem weltweiten Fortschritt in Technik und Wissenschaft fordert, zeichnet sich zu Hause durch eine völlige Missachtung von Kreativität und technischem Know-how sowie durch einen erschreckenden Mangel an Vorstellungskraft und einen mörderischen Konformismus aus. Kreativität dient vor allem der Attraktion für Touristen. Kann man von solchen Einstellungen Begeisterung für Neues erwarten? Der technologische Abstand, der weltweit überdeutlich die Herrschenden von den Beherrschten trennt, ist so enorm gross geworden, dass manche Europäer, tief beeindruckt von der nach aussen sprühenden Lebensfreude der Afrikaner, diesen geraten haben, keine ihrer liebgewordenen Gewohnheiten aufzugeben. Erstaunliche Ratschläge angesichts der Tatsache, dass Improvisation und Verschuldung zusammen mit Bettelei seit der Unabhängigkeit die einzigen Methoden sind, die Afrika für die Befriedigung seiner Grundbedürfnisse entwickelt hat.

„Europa", so hört man oft, „hat Jahrhunderte gebraucht, um zu erreichen, was es erreicht hat. Warum sollte es in Afrika schneller gehen?"

Diesen Gedanken werde ich noch an späterer Stelle analysieren, denn er ist subversiv. So viel steht im Moment fest: Der Afrikaner, der meint, er lebe in einem Entwicklungsland und er sei selbst daran, sich zu entwickeln (être „en voie de développement"), kann für Afrika extrem gefährlich sein. Der Afrikaner ist in einem Mass blind und taub geworden in bezug auf seine Grundbedürfnisse, dass ich meine, man sollte den Begriff der Unterentwicklung wieder hervorholen, damit er endlich begreift, was los ist. In der Tat wäre es heilsam, Anspruch und Wirklichkeit wieder zusammenzubringen, die Lage in Afrika realistisch zu beurteilen und die Möglichkeit für Illusionen und Täuschungen ein für allemal auszuschliessen. Afrika befindet sich bei weitem nicht „en voie de développement", auf dem Weg zur Entwicklung. Aber die Macht des Wortes ist so stark, dass der Begriff Entwicklungsländer in den letzten dreissig Jahren eine Ideologie und eine Politik gefördert hat, die keinerlei Bezug zur Realität haben.

Afrika meint, die Verschuldung belaste seine Entwicklungschancen, während es noch auf lange Zeit hin nicht einmal über das Stadium der Versorgung des Kontinents mit

Nahrungsmitteln hinauswachsen kann. Soll man darüber lachen oder weinen?

3. Woher kommt die Unterentwicklung?

Afrika ist unterentwickelt und es stagniert, weil es Entwicklung entschieden ablehnt. Alle Schritte zur Entwicklung haben Abneigung und kulturellen Widerstand ausgelöst, so dass Anfang der neunziger Jahre die Idee des Fortschritts nirgendwo auf dem Kontinent so verankert ist, dass die Menschen unwiderruflich davon überzeugt sind. Ist es nicht seltsam, dass nach dreissig Jahren, die offiziell der Verbesserung der Lebensbedingungen der Bevölkerung gewidmet waren, nirgends eine Entwicklungspolitik in die Praxis umgesetzt wird, an der die Menschen aktiv teilhaben und die unbestreitbare und dauerhafte Ergebnisse vorweisen kann? Allgemein wird angenommen, dass der Widerstand gegen die Entwicklung von der Landbevölkerung komme, doch wächst er weniger auf dem Boden der Dorftradition, wo alles, was nötig ist, auch als sinnvoll gilt, als in den Cafés und Büros der Hauptstädte, wo Intellektuelle seit der Unabhängigkeit über dem angeblichen Sterben der afrikanischen Werte der Zivilisation brüten.

Ausgerechnet in den Städten, in den Ministerien für soziale Entwicklung, für Erziehung und für Kultur entstehen paradoxerweise seit dreissig Jahren Neuauflagen von Szenarien kolonialer Eroberung. Und dies erklärt die erstaunliche Unbeweglichkeit des modernen Schwarzafrika. Die augenscheinliche Verschlechterung der Lage in Afrika ist nicht etwa absichtslos, spontan entstanden. Sie ist vielmehr das Resultat einer bewussten Politik, die verhindern will, dass die

Aufmerksamkeit der Bürgerinnen und Bürger von den Küsten abgelenkt wird, wo im 16. Jahrhundert die Sklavenhändler ankamen, und von den verschlungenen Wegen, wo im 20. Jahrhundert Eroberer und Ausbeuter Afrika in Besitz nahmen.

Somit ist das Verweigern von Entwicklung nicht etwa ein nebensächliches Phänomen, wie gewisse Experten fälschlicherweise annehmen, sondern die am weitesten verbreitete und am eifrigsten gehätschelte Idee in Schwarzafrika. Die Ablehnung des Fortschritts ist eine hausgemachte und daher unverdächtige Ideologie, sie ist allgegenwärtig, aber unsichtbar. Sie kann sich unter dem schicken dreiteiligen Anzug genauso wie unter dem Faltenwurf des traditionellen Boubous verstecken, sie taucht in der Politik inmitten scheinbar einfacher und über jeden Verdacht erhabener Vorschläge auf, die um so weniger Aufsehen erregen, als sie gewissermassen von der internationalen Moral sanktioniert sind.

Afrika liegt nicht im Sterben, sondern es begeht in einer Art kulturellem Rausch, der lediglich moralische Befriedigung hervorbringt, Selbstmord. Die umfangreichen Kapitalspritzen werden daran nichts ändern können. Man müsste zunächst die afrikanische Mentalität entgiften, die Uhren richtig stellen und die Menschen in Afrika mit ihrer Verantwortung konfrontieren. Entwicklungshilfe würde bedeuten, dass die Afrikaner ermutigt werden, zunächst die psychologischen Vorbedingungen zu schaffen, damit die Idee des Wandels auf guten Boden fällt. Das würde auch bedeuten, dass eine möglichst breite Debatte in Gang kommt, die ganz ohne Komplexe zur Diskussion stellt, was Afrika eigentlich will. Die Debatte müsste ohne Nachsicht geführt werden, denn jedes Entgegenkommen würde lediglich die bekannte Neigung der Afrikaner verstärken, Hilfe im Ausland zu suchen. Und vor allem müssten die Dinge endlich beim Namen genannt werden. Der Widerstand gegen den Fortschritt, der selbst einem Touristen nach einer Woche Aufenthalt in Schwarzafrika ohne weiteres auffällt, würde dann als das erscheinen, was er ist: unberechtigt, töricht und schädlich. Das einfache Aussprechen dieser Wahrheit löst sofort Abwehr und eine Flut von Protesten aus, die verhindern, dass sie sich durchsetzen kann. Man könnte meinen, es gebe ein stillschweigendes Verbot, die Situation Afrikas direkt mit dem Verhalten der Afrikaner in einen Zusammenhang zu bringen. Das stimmt auch in bezug auf die internationale Literatur über das afrikanische Malaise, die – man kann es ohne Übertreibung sagen – die angeblich „schädlichen Auswirkungen der globalen Krise auf alle Bereiche des afrikanischen Lebens" endlos variiert. Die Verweigerung der Entwicklung in Afrika gilt daher bis heute lediglich als Gerücht, dessen Wahrheitsgehalt wohl erst in dem Moment erkannt wird, da dieser Kontinent endgültig an seiner Mittelmässigkeit zugrunde geht.

Es ist also höchste Zeit, die unterschwelligen Gründe bewusst zu machen, welche das Verständnis für Fortschritt und Entwicklung in Afrika behindern, und zwar mit Hilfe einer kritischen Analyse der offiziellen Ursachen für die Stagnation Afrikas.

2. Kapitel

Die Vorwände für die Verweigerung des Fortschritts

1. Eine Fülle von Antworten

Über die Unterentwicklung Afrikas ist schon so viel nachgedacht und geschrieben worden, dass man meinen könnte, unter all den Analysen über die Ursachen des Rückstandes und den Lösungsvorschlägen nur die Qual der Wahl zu haben. Alles ist als Ursache schon einmal genannt worden: Kannibalismus, Tribalismus, Imperialismus, Kolonialismus, Neokolonialismus, Korruption, Trockenheit, Heuschrekken, die Gehirnmasse des schwarzen Mannes usw. Die Liste ist lang, aber nur im Hinblick auf die ideologischen Postulate interessant, auf denen die Diagnosen beruhen. Erstens einmal fällt auf, dass es wenige systematische afrikanische Analysen zu den innenpolitischen Ursachen für die Unterentwicklung Afrikas gibt. Die Afrikaner sind offensichtlich wenig geneigt, selbst über ihren Rückstand nachzudenken. Hingegen gibt es eine Fülle von positiven oder negativen Reaktionen auf die Theorien oder Konzepte zur Unterentwicklung von Nicht-Afrikanern. Zweitens erweisen sich die immer wieder genannten Ursachen für die Unterentwicklung bei näherer Betrachtung als gar nicht so breit gefächert, wie es auf den ersten Blick erscheinen mag. Die einzelnen Punkte stellen eher politische Glaubensbekenntnisse dar, als dass sie auf wissenschaftlichen Analysen beruhten. Sie bestehen aus einer eigenartigen Mischung von Ticks und Manien, hinter denen man fünf ideologische Schulen erkennen kann. Diese sind jedoch mehr damit beschäftigt, ihre jeweilige Theorie zu verteidigen, als die Menschen in Afrika in ihrer Eigenart zur Kenntnis zu nehmen. Beim Thema Entwicklung – und das ist bei sämtlichen Theorien der Fall – kann über alles gesprochen werden ausser über die Afrikaner. Ist das ein Zufall?

Den Modellen, die Afrika für seine Entwicklung vorgeschlagen wurden, wirft man oft vor, sie würden ein Konsumverhalten fördern, das für die afrikanische Seele und die Ressourcen des Planeten gefährlich sei, und sie würden zweifelhafte politische und kulturelle Ideologien vermitteln. Aber das sind nur ihre geringsten Mängel. Viel gravierender ist die Tatsache, dass diesen Theorien die eigenartige Tendenz zueigen ist, die geistige Trägheit des Afrikaners zu übersehen und an seine Stelle einen Phantasie-Menschen zu setzen, der folglich gar nicht agieren kann. Die offiziellen Ursachen für den Rückstand Afrikas sind – selbst oder gerade wenn man die Afrikaner verteidigen will – so abstrakt, dass man auf jeden Fall das seit dreissig Jahren bestehende Analyse-Schema zerstören muss, damit der Afrikaner endlich den Anteil seiner Denkweisen und seiner sozialen und wirtschaftlichen Entscheidungen an seinen verschiedenen Fehlleistungen erkennen kann.

2. Die fünf wichtigsten Theorien über die Ursachen der Unterentwicklung

Die geltenden Ursachen der Unterentwicklung unterscheiden sich je nach den Ideen, die gerade Mode sind; je nach

Alter, politischer Einstellung oder sogar Hautfarbe des Verfechters dieser Ursachen. Daher entstehen unterschiedliche Diagnosen, je nachdem, ob die Vertreter einer Theorie alt oder jung, schwarz oder weiss, extrem rechts, rechts oder links eingestellt sind oder ob sie zu der schuldbewussten Linken gehören, die sich seit kurzem ganz begeistert auf eine Art „Soft-Ideologie"[1] beruft. In der Tat gleichen sich heute durch die Verringerung der ideologischen Spannungen zwischen Ost und West die früher sehr unterschiedlichen Einstellungen zur Problematik der Unterentwicklung einander an.

Chronologisch gesehen kann man fünf Haupttheorien unterscheiden, die sich zeitlich überschneiden:

- Eine missionarisch-zivilisatorische Denkrichtung, die die Diskussion über die Frage der Unterentwicklung Afrikas überhaupt erst ausgelöst hat. Sie hat ihren Ursprung im 16. Jahrhundert und gilt bis heute, mit einem Höhepunkt in der zweiten Hälfte des 19. Jahrhunderts[2].
- Die Ideen einer ganzen Gruppe von „Dritte-Welt-Verbesserern" („Tiers-mondistes"), viele von ihnen Marxisten, welche die missionarisch-zivilisatorische Denkrichtung ablehnen. Sie bestimmen von etwa 1955[3] an, aber vor allem seit Ende der sechziger Jahre bis Mitte der achtziger Jahre die öffentliche Diskussion zu diesem Thema.
- Eine neoliberale Strömung, die es schon immer gegeben hat und die vom Internationalen Währungsfonds und der Weltbank verkörpert wird.
- Eine re-aktionäre Strömung, die linke und rechte Afrikaner umfasst: Sie lehnen die Thesen der westlichen Zivili-

satoren ab und predigen mit unterschiedlicher Vehemenz die Rückkehr zu den Ursprüngen der afrikanischen Kultur oder auch die Öffnung nach aussen, aber immer ausgehend von den ursprünglichen kulturellen Werten Afrikas.

– Schliesslich eine neue „softe“ Tendenz, die nach der Beendigung des Kalten Krieges und der Auflösung der Ost-West-Gegensätze entstanden ist und die den grössten Teil der marxistischen Theorie über Unterentwicklung und Entwicklung revidiert oder gar aufgibt[4].

3. Die zivilisatorische Mission und die verletzte Empfindlichkeit der Afrikaner – „Ich Robinson, Du Freitag“ oder „Die Sache der Weissen“

Ob sich die Theorien über die Unterentwicklung Afrikas vom wissenschaftlichen Sozialismus, vom Dogma des Liberalismus oder vom ursprünglichen Kommunismus inspirieren: alle unterschätzen den Umstand, dass sie sich an Menschen richten, denen die Weissen eingeredet haben, sie seien weniger wert, und die deshalb tief verletzt sind. Denn Entwicklung setzt notwendigerweise einen Rückstand voraus, was wiederum für den Afrikaner hartnäckig nach zivilisatorischer Mission, rassischer und kultureller Unterlegenheit riecht. Das sind Begriffe, die im kollektiven Bewusstsein der aus dem Kolonialismus Befreiten im Zusammenhang stehen mit Erniedrigung, mit Protest, mit neuem Selbstwertgefühl und mit der Vertreibung der Kolonisatoren.

In Schwarzafrika ruft der Begriff „Entwicklung“ nicht die Einsicht in die Notwendigkeit hervor, für die Verbesserung der Lebensbedingungen zu kämpfen. Er provoziert vor allem die Haltung, jeglichen Wunsch nach Veränderung einer Situation, die schon als genügend prekär empfunden wird, gar nicht ins Bewusstsein dringen zu lassen. Entwicklung wird wie eine grosse Last erlebt, welche die durch Sklavenhandel, Kolonialismus und Neokolonialismus geschwächten Kulturen schlecht ertragen. Der Druck zur Entwicklung löst ein grundlegendes anhaltendes Unwohlsein aus. Ausdrücke wie „unterentwickelte Länder“ oder, weniger abfällig, „Entwicklungsländer“ werden als kaum verhüllte Feststellungen einer kulturellen und technischen Unterlegenheit empfunden.

Dieses Bewusstsein, von dem man eigentlich annehmen sollte, es sei längst überwunden, kennzeichnete damals die Reden der Gründerväter der „Organisation für Afrikanische Einheit“ (OAU) und bildet bis zum heutigen Tage die Grundlage für jedwelche afrikanische Betrachtung zur Zukunft Afrikas.

Es ist, als ob Afrika trotz der Werke bekannter Historiker und Soziologen[5] stillschweigend übereingekommen wäre, dass es erst seit der Ankunft des weissen Mannes existiert. Dabei gibt es dieses Problem nicht erst seit Beginn der Unabhängigkeit. Keine bekannte Theorie zur Unterentwicklung jedoch stellt einen Zusammenhang her zwischen dieser massiven psychischen Hemmung und den Schwierigkeiten, auf die jene stossen, welche den Fortschritt als Konzept der Zukunft in Schwarzafrika wieder verankern möchten.[6]

Kein Experte führt das schlechte wirtschaftliche Abschneiden Afrikas auf dieses permanente Unbehagen zurück. Ohne Leidenschaft indessen kann nichts Grossartiges entstehen. In den siebziger Jahren hat eine wohl von der

„Négritude" inspirierte und revanchistische Soziologie sogar vorgeschlagen, die Entwicklung den traditionellen Realitäten Afrikas anzupassen: Dabei verteufelte sie Fabriken in Fertigbauweise, importierte Technologien usw. Aber worum ging es eigentlich: um Entwicklung oder um eine Abrechnung mit den verschiedenen Zivilisationen? Muss man Afrika wirklich als ein bedrohtes, unter Denkmalschutz stehendes Bauwerk ansehen?

Das Gift der falschen Evolutionstheorie[7] spukt bis heute in den Köpfen der Afrikaner. Aber statt dies zu berücksichtigen, sind die Entwicklungstheoretiker davon überzeugt, dass es ausreiche, die UNO-Kriterien der Unterentwicklung[8] vom Geruch der Minderwertigkeit zu befreien, die solchen Listen immer innewohnt, damit befriedigende Entwicklungsstrategien für die Afrikaner entstehen. Dem ist bei weitem nicht so. Zunächst ist jede Entwicklungstheorie ihrer Natur nach evolutionistisch. Allein diese Aussage ist schon ein enormes Problem in Afrika, wo man überzeugt ist, nichts erfunden zu haben[9]. Das daraus entstehende Gefühl der Demütigung erklärt zweierlei: Einmal wird Unterentwicklung von den Afrikanern häufig mit dem angeblichen Unverständnis gleichgesetzt, auf das ihre Kultur bei den Ausländern stösst. Zweitens werden die Entwicklungsanforderungen von der afrikanischen Intelligenz systematisch manipuliert, und zwar zugunsten eines nebulösen Rechts auf Unterschied, wodurch Afrika zunehmend ins Abseits gerät. Schliesslich sind die Afrikaner überzeugt, dass sie – als Folge der rassistischen sozialen Hierarchie während der Kolonialzeit – bis heute aufgrund ihrer Hautfarbe beherrscht werden[10], und übersehen die anderen Mittel der

Unterdrückung. Die Reaktion der „Organisation für Afrikanische Einheit“ auf die Apartheid ist ein gutes Beispiel für diese Haltung.[11]

Es gibt viele Beispiele fortschrittshemmender Traditionen. Entscheidend ist, dass der Afrikaner – egal bei welchem Problem – fast immer mit einer Lösung konfrontiert ist, die nicht nur vom Westen erfunden, sondern auch längst von anderen Teilen der Welt übernommen worden ist.[12]

Auf dem Hintergrund dieser permanenten Demütigung wird verständlich, dass die Grundlagen zur modernen Entwicklung die Afrikaner kaum zu motivieren vermögen und dass die nötigen Entwicklungs-Anstrengungen sich just auf alle jene Bereiche konzentrieren müssen, in denen Afrika den Stempel „minderwertig“ trägt. Ob der Afrikaner sich mit dem Flugzeug, der Eisenbahn oder dem Auto fortbewegt, ob er eine Zeitung liest, das Telefon, fliessendes Wasser, das Radio, Elektrizität oder vieles anderes benutzt – es sind alles Dinge, die nur einen sehr entfernten Bezug zu seiner Beteiligung am wissenschaftlichen Fortschritt der Menschheit haben.

Man kann also nicht genug wiederholen, dass sich Afrika bereits durch den Begriff der Entwicklung gedemütigt vorkommt. Oder haben die afrikanischen Vorstellungen von Entwicklung, die nach der Unabhängigkeit fast überall auf dem Kontinent entstanden sind, etwa eine andere ideologische Bedeutung? Ist es nicht so, als ob Afrika lieber noch mehr Zeit verlieren wollte, um angeblich interne Lösungen für seine Probleme zu suchen, statt die Ideen des Westens zu übernehmen? Handelt es sich hier nicht um eine Frage der Ehre?

Als nämlich N'Krumah als Fürsprecher des Panafrikanismus im Mai 1963 in Addis Abeba seinen Plan für eine afrikanische Einheit vor einer Versammlung politischer Führer verteidigte, die gekommen waren, um den „Grundstein der afrikanischen Einheit“ zu legen, war niemand in der ehrwürdigen Runde bereit, ihm zu folgen. Denn er schlug nichts Geringeres vor als eine einschneidende Veränderung jener von den Afrikanern bereits verinnerlichten Einteilung, welche den Afrikaner mit primitiven Technologien, den Europäer mit Fortschritt identifiziert.

„Wir sind“, so sagte N'Krumah, „in ein Zeitalter eingetreten, in dem die Wissenschaft die Grenzen der materiellen Welt gesprengt hat und die Technologie in die Stille der Natur eingedrungen ist. Zeit und Raum sind nur noch abstrakte Begriffe ohne Bedeutung. Riesige Maschinen bahnen den Weg für Strassen, machen die Wälder urbar, bauen Talsperren und Flugplätze; gigantische Strassen- und Lufttransporte bringen die Güter ins ganze Land; riesige Laboratorien stellen Pharmaerzeugnisse her; extrem komplexe geologische Studien werden durchgeführt; mächtige Elektrizitätswerke und gewaltige Fabriken werden gebaut – und das alles in einem unglaublich schnellen Tempo.“ Er zog folgende Schlussfolgerung: „Die Welt bewegt sich nicht mehr mit der Geschwindigkeit der Kamele oder der Esel! Wir können es uns nicht mehr leisten, unsere Entwicklungsprobleme und unsere Sicherheitsbedürfnisse mit dieser langsamen Geschwindigkeit anzugehen. Wir können es uns nicht leisten, den Urwald überholter Einstellungen weiterwuchern zu lassen, die uns an unserer Selbstverwirklichung und der Verbesserung der Lebensbedingungen des Volkes hindern!“[13]

Der Plan N'Krumahs zur Einigung des Kontinents wurde zu Fall gebracht, weil solche Ansichten ganz einfach inakzeptabel waren: Sie waren unvereinbar mit dem, was Afrika als seine „historische Würde" begreift. N'Krumah war schwarz, ein Afrikaner, aber er vergass sich selbst; er sprach wie ein westlicher „Zivilisator", wie ein „seiner Kultur Entfremdeter". Er stimmte unverfroren mit dem weissen Eroberer überein, dass Afrika rückständig sei, und er sagte dies ohne Umschweife. Wer die Empfindlichkeit der vom Kolonialismus gedemütigten Gemüter kennt, für den sind solche Gedanken geradezu atemberaubend.

Fast dreissig Jahre nach der Niederlage N'Krumahs trifft man immer noch Afrikaner, die alle Taschen voller Diplome haben und die meinen, sie würden den Nachkommen der Kolonisatoren ein gefährliches Zugeständnis machen, wenn sie zugeben, dass ihr Kontinent unterentwickelt ist. Derartige Bekenntnisse werden nur hinter vorgehaltener Hand und im vertrauten Kreis geflüstert, bestimmen aber nicht die öffentliche Meinung. Würden sonst die Vertreter des Neokolonialismus darin nicht den Triumph ihrer jahrhundertealten Behauptungen sehen? Wer die Sache Afrikas vertreten will, der hat „der Welt das authentische Antlitz Afrikas zu zeigen und die Vorurteile und Irrtümer, unter denen seine Völker gelitten haben, richtigzustellen" – und nicht, so könnte man hinzufügen, die Afrikaner dazu aufzufordern, die Meinungen der Weissen zu übernehmen.[14]

Die Selbstbezogenheit und das völlige Fehlen von Selbstkritik hinsichtlich der eigenen Werte haben mittlerweile so eigenartige Ergebnisse hervorgebracht, dass viele Beobachter daran zweifeln, dass Afrika bald aus seiner Aussenseiterposition herauskommen könnte. Diese Ansicht wird in folgenden Aussagen des früheren UNESCO-Generaldirektors Amadou Mahtar M'Bow deutlich: „Im Senegal wie in vielen anderen afrikanischen Ländern ist mir aufgefallen, dass es keinen schöpferischen Enthusiasmus mehr gibt. Man hat den Eindruck, dass uns unser Schicksal immer mehr entgleitet, dass unsere Regierungen sich mehr mit dem täglichen Kleinkram beschäftigen als mit Taten und Visionen, die unseren Völkern die volle Entfaltung ihres Schicksals und ihrer Würde garantieren könnten (...) Heutzutage hat es den Anschein, als ob unsere Gesellschaften blockiert seien und ihr Schicksal nur von wirtschaftlichen oder finanziellen Interventionen des Auslands abhinge. Unter solchen Bedingungen kann ein Land nicht für seine Zukunft sorgen."[15]

Afrika kann heute nur energische Entwicklungsstrategien in Betracht ziehen, um schnell seine Ernährungs- und Gesundheitsprobleme in den Griff zu bekommen. Die Träume einer völlig eigenständigen Entwicklung sind seit 1945 utopisch.[16] Was nicht heisst, dass die Afrikaner auf die Werte ihrer eigenen Zivilisation verzichten müssen. Sie sollten vielmehr all jene Werte nutzen, die dem Fortschritt förderlich sind, und all jene entschlossen zurückweisen, die ihn behindern. Leider hat diese Strategie so lange keine Aussicht auf Erfolg, als ein Bewusstsein überwiegt, das Entwicklung als ein antiafrikanisches Phänomen oder als „die Sache der Weissen" begreift.

Schlimmstenfalls müsste man wie in Indien vorgehen, wo riesige Kampagnen durchgeführt wurden, um die „Unberührbaren" davon zu überzeugen, dass sie Menschen sind wie die anderen. In unserem Fall wäre es leichter, da Afrika schon mehrmals bewiesen hat, dass es sich nicht sträubt, Dinge oder sogar Ideologien „made in woanders“ zu übernehmen. Das ist nicht das eigentliche Problem. Sondern: Anstrengungen, die für die Entwicklung unternommen werden, werden als Eingeständnis der Ohnmacht, der Schwäche, der kulturellen und rassischen Unterlegenheit empfunden.

Der lächerlich kleine Anteil Afrikas an der industriellen Weltproduktion würde keine so grosse Rolle spielen, wenn die Afrikaner die dreissig Jahre ihrer Unabhängigkeit wenigstens dazu benutzt hätten, die Konzepte, die die Industrialisierung in Gang setzen, in ihre eigenen Gesellschaften zu integrieren. Der wirtschaftliche Misserfolg Afrikas hätte weniger Bedeutung, wenn sich die afrikanischen Führer wenigstens resolut daran gemacht hätten, die Basis für eine Technologie der Massen zu schaffen. Ist es nicht bedenklich, dass bis zum heutigen Tag kein afrikanisches Land über eine Entwicklungsstrategie verfügt, die von seinen Bürgern überhaupt verstanden wird? Dabei ist genau dies die erklärte Aufgabe der Einheitsparteien, die seit dreissig Jahren in Afrika grassieren.

Schliesslich muss man daran erinnern, dass bis heute kein Land auf dem Kontinent ein Linguistikkonzept erarbeitet hat, mit dem die modernen Begriffe der Wissenschaften vollständig in die afrikanischen Sprachen integriert werden könnten. Der Höhepunkt der Aktivitäten zu diesem Thema besteht im Verfassen von Hetzartikeln gegen den kulturellen Neokolonialismus Frankreichs vor jedem Gipfeltreffen der frankophonen Staaten. Gibt es überhaupt eine Lobby, die Druck auf die Regierungen ausübt, damit sie die notwendigen Mittel für eine Bereicherung der afrikanischen Sprachen durch die Wissenschaftsterminologie zur Verfügung stellen? Die zivilisatorische Mission hat ihr Ziel also erreicht: Der Afrikaner der neunziger Jahre bleibt weiterhin davon überzeugt, dass Entwicklung „die Sache der Weissen" ist.

4. Was gibt es Neues ausser dem Sklavenhandel und der Kolonisation?

Es ist erstaunlich, dass Sklavenhandel und Kolonisation sowie die primitivistischen Thesen über die Minderwertigkeit der afrikanischen Mentalität, selbst wenn sie letztendlich von Lévy-Bruhl widerrufen wurden, die Afrikaner so sehr verletzen können. Handelt es sich um ein tiefer gehendes Leiden, um eine starke masochistische Neigung oder um das Syndrom des Afropessimismus? Vielleicht. Es könnte indessen eine einfachere Erklärung dafür geben: Es sind noch keine dreissig Jahre her, dass eine beachtliche Anzahl Afrikaner lesen kann, und kaum zwanzig Jahre, dass die afrikanischen Schüler über Geschichtsbücher verfügen, die von Afrikanern selbst und aus afrikanischer Sichtweise geschrieben wurden. Die Mehrheit von ihnen entdeckt also erst jetzt das Bild, das sich der Westen seit dem 16. Jahrhundert von ihnen macht; und dies in einem ideologischen Kontext, der von der ständigen Sorge um die eigene Aufwertung bestimmt ist. Dieses Bild wird scheinbar von einer Reihe von Faktoren oder Folgeerscheinungen der Kolonisation bestätigt. Die Realität der sozio-ökonomischen Beziehungen zwischen den Weissen und den Schwarzen, selbst in den afrikanischen Ländern, in denen die Apartheid offiziell nicht praktiziert wird[17], erlaubt offenbar die Annahme, dass es eine Art historisch-genetische Identität der Schwarzen und Weissen von heute mit denen von früher gebe. Und anders als die hochentwickelten Industriegesellschaften, wo ein Ereignis, und sei es auch eine Katastrophe, die öffentliche Aufmerksamkeit selten länger als 24 Stunden auf sich zieht (mit Ausnahme des Nationalsozialismus), ertrinkt Afrika noch nicht in einer Informationsflut. Daher die Tendenz, alte Klagen immer wieder neu aufzuwärmen. Auch steht Afrika seiner Entkolonisierung zeitlich näher als Europa dem Kriegsende. All diese Umstände dürften die Phase der Distanzierung verzögern, in der man die eigene Geschichte aus ihren Widersprüchen heraus einer kritischen Prüfung unterzieht. Der wichtigste Aspekt dieser Problematik ist die Tatsache, dass Afrika seinen Groll gerade deshalb hegt und pflegt, weil es im Bereich der Wissenschaften einen nicht auszurottenden Minderwertigkeitskomplex gegenüber dem Westen nährt und gleichzeitig wenig gewillt ist, seine Abhängigkeit vom Westen zu verringern. Wie dem auch sei, die primitivistischen Assoziationen, die mit den Begriffen Schwarz und Weiss verbunden sind, sind im kollektiven afrikanischen Bewusstsein so lebendig, dass sie sogar den Blick des Afrikaners auf sich selbst bestimmen. Dieses verschiedenen afrikanischen Publizisten bestens bekannte Phänomen ist vor allem von Memmi, Fanon und kürzlich von Edem Kodjo in *Et demain l'Afrique* beschrieben worden. Alain und Edgar Hazoumé ihrerseits prangern den daraus entstandenen zwanghaften Willen zur Demonstration dieser Thesen als einen enormen Betrug an: „Die Afrikaner“, so schreiben sie, „lieben es, byzantinische Erklärungen für ihre Unterentwicklung abzugeben, um so jegliche Verantwortung auf andere abzuwälzen. Das ist ein äusserst bequemes Vorgehen, um nützliche Auseinandersetzungen zu vermeiden und unangenehme Wahrheiten zu verschleiern."

Man muss sich in der Tat fragen, was aus Afrika werden soll, solange Entwicklung als die Verneinung des afrikanischen Seins und Wesens betrachtet wird; solange sie lediglich das Bedürfnis weckt, die Überlegenheitsstrategien des kolonialistischen Westens zu bekämpfen. Die Denkweise Afrikas ist so verknöchert, dass der Afrikaner noch nicht einmal bemerkt hat, dass die heutige westliche Welt nicht nur aus den ehemaligen Kolonialmächten besteht, sondern auch aus Brasilien, Japan, Südkorea, Indien, China, Pakistan etc. Und sollten doch Zweifel daran bestehen, dass Afrika sich ganz allein entwickeln kann, so weigert man sich aus reinem Stolz, dies zuzugeben. Afrika ist der einzige Teil der Dritten Welt, den man noch als „schwach industrialisiert und nur Rohstoffe produzierend" definieren muss.

Das Afrika von heute hat ein Inselbewusstsein und konzentriert seine Aufmerksamkeit nur auf sich selbst. Weil die Afrikaner stets damit beschäftigt sind, gegen ihren angeblichen Abhängigkeitskomplex gegenüber dem weissen Mann zu kämpfen, haben sie sich selbst aus den Augen verloren. *Freitag* ist nicht mehr nur eine Figur aus dem Roman von Daniel Defoe, er ist in Afrika zu einer Realität geworden. Perfekt charakterisiert er die afrikanische Gedankenwelt zum Thema Entwicklung seit der Unabhängigkeit.

Wir müssen die Fenster weit aufmachen, frische Luft hereinlassen. Die Probleme der Entwicklung müssen unabhängig von der Hautfarbe und von allen Seiten untersucht werden. Es ist höchste Zeit, der „Négritude" und allen ihren Erscheinungsformen „Guten Tag und adieu"[18] zu sagen. Aber wahrscheinlich wird es mindestens ebenso lange dauern, die antikolonialen Komplexe in Afrika loszuwerden, wie es gebraucht hat, sie zu verinnerlichen.

Afrika ist offenbar dazu verdammt, Zeit zu verlieren. Wenn die junge Generation, die weder die Kolonisation noch die frühe Phase der Unabhängigkeit miterlebt hat, die Dinge nicht unverzüglich und kräftig in die Hand nimmt, wird es für das afrikanische Denken auf lange Sicht keine Änderung geben. Die Frage ist, ob die wirtschaftliche, kulturelle und soziale Krise, die im Augenblick den afrikanischen Kontinent heimsucht, die Afrikaner zwingen wird, das genaue Ausmass ihrer Unterentwicklung zu erkennen.

3. Kapitel

Die Dritte-Welt-Anhänger

„Alle Entwicklungsländer unterliegen den Auswirkungen der Herrschaft (durch die Industrieländer) und der Destrukturierung, die ihre Volkswirtschaften daran hindern, voll und ganz vom Weltwirtschaftswachstum zu profitieren. Aber nicht nur das: Wenn sie es nicht schaffen, die wirtschaftlichen Kräfteverhältnisse durch neue politische Kräfteverhältnisse zu ersetzen, müssen sie den Industrieländern sogar einen Teil ihrer Wachstumserträge abtreten."

Jean-Marie Albertini[1]

„Wir haben die Bodenschätze. Ja, aber selbst wenn uns zunächst der Kolonialismus daran hinderte, das für die Entwicklung benötigte Kapital anzuhäufen, so lag es doch an uns, dass wir unsere Macht seit der Unabhängigkeit nicht für unsere wirtschaftliche und soziale Entwicklung tatsächlich eingesetzt haben."

Kwame N'Krumah[2]

1. Eine ungerechte Kritik

Die politische Rechte machte der Dritte-Welt-Bewegung schon immer den Vorwurf, sie ziele darauf ab, die Zivilisationswerte des christlichen Abendlandes zerstören zu wollen. Aus denselben Gründen rückte gegen Mitte der achtziger Jahre die Linke von der Bewegung ab. Die Linke war nicht etwa von der westlichen Bourgeoisie enttäuscht, sondern vom Marxismus-Leninismus, von der Undankbarkeit der Bewohner der Dritten Welt, der Hutu, der Tutsi usw.

In dieser Situation des Gesinnungswandels bekam man nicht nur den Eindruck, eine Bewegung zur „Rehabilitierung der Corrèze auf Kosten des Sambesi“ mitzuerleben, wie die berühmte Formulierung von Raymond Cartier lautete[3], sondern vor allem, einem Prozess mit vielen falschen Anklagepunkten beizuwohnen, in welchem die Geschichte der Wirtschaftsbeziehungen zwischen Afrika und Europa vom 15. Jahrhundert bis heute höchstens als ein unbestätigtes Gerücht herangezogen und die internationalen Monopole als optische Täuschung abgetan wurden.

Wäre die Dritte-Welt-Bewegung also nichts anderes gewesen als eine Art Werbekampagne für den Hass der Weissen auf den Westen, wie André Glucksmann es formuliert hat?[4] Haben die Afrikaner denn nicht begriffen, dass diese karikierende Beschreibung des „Tiers-mondisme“ – dem Afrika vor allem eine überzeugende Wirtschaftstheorie der Befreiung verdankt – hauptsächlich dazu dient, die aus der Zeit der Entkolonialisierung und des Kalten Krieges hervorgegangenen Streitpunkte aus dem Weg zu schaffen, damit das endlich mit seiner hochtechnisierten Gesellschaft ausgesöhnte Europa unbehelligt von alten Geschichten in das 21. Jahrhundert eintreten kann? Sie haben es nicht begriffen. Wie immer hinkt Afrika den Ereignissen um Längen hinterher und scheint die grundlegenden Auswirkungen des heftigen Sturms nicht zu verstehen, der zur Zeit durch die Staaten des Westens fegt. Afrika beschränkt sich weiterhin darauf, Hilferufe nach Westeuropa auszusenden. Aber Westeuropa ist nicht nur entschlossen, das vom sowjetischen Sozialismus enttäuschte Osteuropa zum Dritte-Welt-Ersatz zu machen, sondern betrachtet von nun an die Entwicklungshilfe als eine Geste der Wohltätigkeit.

Bruckner[5] und Glucksmann kommt immerhin das Verdienst zu, die veränderte Haltung des Westens gegenüber der Dritten Welt rechtzeitig aufgezeigt zu haben. Man kann tatsächlich nicht leugnen, dass die Dritte-Welt-Bewegung von Afrika häufig dazu missbraucht wurde, einen Haufen Dreck unter den Teppich zu kehren. Die marxistische Rhetorik vieler linker afrikanischer Politiker hat dazu gedient, manche Leichen im eigenen Keller zu verstecken und jene Persönlichkeiten auszuschalten, die denken konnten. Dies gilt auch für die gemässigten Politiker. Es bleibt nur die Frage, inwiefern die edelmütige und gönnerhafte „Neo-Dritte-Welt-Bewegung" – die vorgibt, die alte Bewegung zu ersetzen, wie sie bis zur Verbreitung des Slogans „Rumänien vor Tansania" bestanden hat – der Dummheit eines R.P. Tempels vorzuziehen ist: Denn der Autor von *La Haine de soi,* der den Westen von den Beleidigungen der sogenannten Farbigen reinwaschen wollte, hat schliesslich eine leidenschaftliche Huldigung an die Engstirnigkeit der Dritte-Welt-Bewegung geschrieben, die er eigentlich anprangern wollte. „Man kann gar nicht anders, als der Dritten Welt zu helfen", so schreibt er. Warum? „Weil wir aufgrund unserer Geschichte grosszügig sind."[6] Mein Freund Mamadou würde sagen: „Auch wenn der Stock noch so lange im Fluss liegen bleibt, er wird niemals zum Krokodil."

Diese Tendenzwenden hätten Afrika dazu anregen sollen, schnellstens ein panafrikanisches Projekt in Angriff zu nehmen. Obwohl es sich von den Theorien Rosa Luxemburgs und Lenins über die Akkumulation des Kapitals und über den Imperialismus inspirieren liess, ist dieses Projekt das einzige, das Afrika dazu bringen könnte, seine extreme Abhängigkeit von ausländischer Hilfe zu verringern. Denn selbst ohne die Vermutung, dass der Westen der Industrialisierung der Dritten Welt feindselig gegenübersteht, sind die Theorien N'Krumahs und die Äusserungen Samir Amins[7] nach wie vor richtig: Das Überleben Afrikas wird von seiner Fähigkeit abhängen, sich rationell organisieren und seine Kräfte neu sammeln zu können.

2. *Eine Wirtschaftstheorie der Befreiung*

Man muss in diesen Zeiten des schändlichen Revisionismus ein Faktum in Erinnerung rufen: Die Wirtschaftstheoretiker der Dritte-Welt-Bewegung haben den afrikanischen Regierungen, die sich nach Erlangung der Unabhängigkeit angeblich in der Praxis der Entwicklung engagieren wollten, ein umfassendes begriffliches Rüstzeug zur Verfügung gestellt, das allerdings in Schwarzafrika lediglich zum Zweck der Unterdrückung (Einheitsparteien) oder zur politischen Erpressung („sonst werde ich Kommunist") benützt wurde. Seit 1945 haben die mehrheitlich marxistischen Ökonomen der Dritte-Welt-Bewegung glücklicherweise ihre Auffassung über die Unterentwicklung neu überdacht und wissen nun, dass sich mit dem Neokolonialismus nicht alles erklären lässt. Aber noch bis ungefähr 1970 genügten ihrer Ansicht nach drei Kriterien, um die Mechanismen der Unterentwicklung zu erklären und daraus Strategien zu ihrer Überwindung zu formulieren: Auflösung der bestehenden Ordnung, Aussenorientierung und Abhängigkeit vom Ausland. Wie Samir Amin zu bekräftigen, „dass eine wirkliche Theorie der Unterentwicklung nur eine Theorie der weltweiten Akkumulation des Kapitals sein kann"[8], bedeutet aber keinesfalls, dass die entkolonialisierten Länder dazu angehalten werden sollen, den kurz nach der Entkolonialisierung verständlichen Hass auf den Westen immer weiter zu pflegen oder sich in Bettelei und Masochismus zu verstrikken. Denn dieser Theorie der Unterentwicklung entspricht eine Wirtschaftsstrategie der Abkoppelung, die hauptsächlich drei Massnahmen vorsieht:

– Auflösung der kapitalistischen Monopole des Auslandes, welche die in kurzer Zeit erwirtschafteten grossen Gewinne ins eigene Land überweisen, Gewinne, die aus bescheidenen und oft auf einen einzigen Produktionssektor konzentrierten Investitionen stammen;
– Schaffung von integrierten Wirtschaftsstrukturen im Rahmen von grossen regionalen Einheiten, die allein in der Lage sind, das Problem der Begrenztheit der Märkte eines balkanisierten Afrika zu lösen;
– Ingangsetzen einer Industriepolitik, welche die Herstellung der für die Entwicklung notwendigen Produktionsmittel fördert und damit die Abhängigkeit vom Ausland vermindert.

Ist das vielleicht die Plattform einer Bewegung, die Afrika in kindlicher Abhängigkeit halten will oder die gar den Rassenhass propagiert? Man kann den Ökonomen der Dritte-Welt-Bewegung vorwerfen, dass sie nicht vorausgesehen haben, welch trauriges Los ihren Theorien in Afrika beschieden sein sollte. Aber zu der Zeit, in der sie aufgestellt wurden (1945–1960), war die Wirtschafts- und vor allem die Kulturgeschichte Afrikas nahezu unbekannt. Die „Organisation für Afrikanische Einheit“ (OAU) existierte noch nicht, und die Balkanisierung Afrikas war, so glaubte man damals zumindest, noch rückgängig zu machen.

Seit spätestens 1963 weiss man, dass der „beraubte", „geknebelte" und „ausgeplünderte" Mensch, auf den sich die Dritte-Welt-Anhänger beziehen, weit davon entfernt ist, Rechenschaft über die Komplexität der afrikanischen kulturellen Realitäten abzulegen, die Sklavenhandel und Kolonisierung erst möglich machten. So gesehen, ist die Theorie des „Tiers-mondisme" über Ursachen und Mechanismen der Unterentwicklung auf weiten Strecken lückenhaft. Die Kritik an dieser Denkrichtung will kulturelle und politische Vorgänge aufdecken, die Afrika dazu gebracht haben, die marxistischen Theorien von Imperialismus und Neokolonialismus und von Zentrum und Peripherie zu übernehmen, um halbherzige Entscheidungen zu verstecken, die es in Misskredit brachten und zu deren Konsequenzen es nicht stehen will. In der Tat: Je weiter Schwarzafrika sich von dem Weg entfernte, auf dem es einen ehrenvollen Platz in der Welthierarchie hätte erreichen können, desto stärker waren sowohl Marxisten wie Gemässigte in Afrika darauf bedacht, die Geister auf ein unaufhörliches Komplott aus dem Ausland zu lenken. Daher weiss man heute zwar fast alles über das Funktionieren der westlichen Logik der Unterdrükkung, aber nur sehr wenig über die afrikanische Logik der Unterwerfung, ohne die die erstere nicht existieren würde oder nur begrenzte Auswirkungen hätte. Afrika ist weder arm noch ohnmächtig. Man muss also versuchen, mit einer anderen Erklärung als dem Neokolonialismus herauszufinden, warum Afrikas Politiker seit 1960 immer wieder kolonialistische, der Entwicklung abträgliche Abmachungen erneuert haben, die sie dann bei internationalen Treffen schamlos als Schläge gegen die afrikanische Freiheit zu brandmarken pflegen. Afrika hätte einen anderen Weg einschlagen können. Und es hatte und hat immer noch die Wahl. Es wäre naiv, das Gegenteil zu glauben.

Der Panafrikanismus, der den Kern der wirtschaftlichen Entwicklungstheorien der Dritte-Welt-Bewegung in die Praxis umsetzen wollte, starb offiziell am 25. Mai 1963 in Addis Abeba, als bei der Gründung der OAU zahllose auf die alten Traditionen bezogene „Chartas" eines gedemütigten Afrika sich vereinten, um den Plan N'Krumahs zu Fall zu bringen. Von diesem Moment an war klar, dass Afrika den Zug zur Entwicklung verpasst hatte und auf lange Sicht zur Bettelei und zu einer neuerlichen Kolonisierung verdammt war. Die Entwicklungshilfe, die nach Auffassung Fanons mehr hätte sein können als nur ein Programm der „Barmherzigen Schwestern"[9] – wenn sie von einem starken Afrika ausgehandelt worden wäre als Rückzahlung der seit vier Jahrhunderten vom Westen ausgebeuteten Bodenschätze –, hing fortan vom guten Willen der ehemaligen Kolonialmächte ab. Die Gründer der OAU wussten das zwar, zogen aber ganz offen diese Lösung einer wahren afrikanischen Einheit vor. Diese Entscheidung hätte eigentlich den Enthusiasmus der Dritte-Welt-Anhänger im Hinblick auf Afrika dämpfen müssen. Aber die Bewegung zur Verteidigung des „unterdrückten Afrikaners" verschwand nicht, sie überlebte die Katastrophe von Addis Abeba sogar um mehr als zwanzig Jahre. Wenn man nicht wie die primitivistischen Anthropologen und „Negristen" glaubt, dass in Afrika der gesunde Menschenverstand sich unweigerlich in abstrusen Theorien über den Ursprung des Weltalls verlieren muss, ist man gezwungen zuzugeben, dass die Unterstützung der

Dritte-Welt-Anhänger, die Afrika während mehr als 25 Jahren erfuhr, auf einem riesigen Missverständnis beruht. Weder die angebliche Schuld gegenüber den „Primitiven" noch die lückenhafte Theorie des „ausgeplünderten Afrikaners" reichen aus, um die ideologische Konfusion zu erklären, die zur Zeit der Entstehung des „Tiers-mondisme" vorherrschte. Daher ist es notwendig zu erklären, warum in der Nachkriegszeit Afrikaner und westliche Marxisten die Werte der kolonisierten Völker rehabilitierten und gleichzeitig die Werte des jüdisch-christlichen Abendlandes verdammten.

3. Dritte-Welt-Bewegung und kritischer Geist in Afrika

Das Fehlen einer Tradition moderner Kritik ist ohne Zweifel eines der Hauptmerkmale der Unterentwicklung Schwarzafrikas. Afrika, auf sich selbst bezogen und beschäftigt mit seiner „kulturellen Entkolonialisierung" und der „Wiedereroberung der eigenen Gedankenwelt", die zwar nicht im geringsten wiedererobert werden müsste, sondern sich vielmehr nach aussen öffnen sollte – dieses Afrika erweist sich als seltsam unfähig, die seit dem Zweiten Weltkrieg in der Welt erfolgten Veränderungen richtig zu interpretieren und Strategien auszuarbeiten, um darauf eingehen zu können.

So hat die Verlagerung des Dritte-Welt-Engagements hin zu Osteuropa Afrika offensichtlich völlig überrascht: Unerschütterlich sendet es weiterhin Signale der Verzweiflung in Richtung Westen, gerade so, als sei der für seine Zukunft so folgenschwere Sturm nur ein unbedeutender Windhauch. Taub gegenüber den aktuellen Umwälzungen in Europa, brüten die afrikanischen Intellektuellen weiterhin über den

Schwankungen zwischen der Verschuldung Afrikas und der finanziellen Hilfe aus dem Ausland und wiederholen die Argumentation der Dritte-Welt-Bewegung, deren Grundlagen nicht mehr existieren. Niemand fragt sich, warum man Afrika eigentlich helfen und, vor allem, wie lange dieser erniedrigende Vorgang noch andauern soll – als ob innerafrikanische Hilfe ausgeschlossen oder kaum vorstellbar wäre, als ob alle afrikanischen Staaten arm, mittellos oder ohne Handlungsspielraum wären. Im grossen und ganzen hat sich seit Erreichen der Unabhängigkeit die Diskussion in Afrika über den Ursprung der Unterentwicklung um kein Jota verändert.

Das Auftauchen eines fruchtbaren analytischen Geistes in Schwarzafrika scheint an zwei Tatsachen zu scheitern: den traditionellen Tabus und dem Fehlen von Demokratie; aber auch an einem unvermuteten, jedoch beachtlichen Stolperstein: dem intellektuellen „Vendredisme“ – dem Bewusstsein Freitags in Daniel Defoes „Robinson Crusoe“. Der „Vendredisme“ ist typisch für ein gedemütigtes Bewusstsein, das unfähig ist, sich in der Realität mit Würde zu behaupten. Es greift zu verschiedenen Tricks, um Schmach, Feigheit, Mittelmässigkeit und Faulheit in Eigenschaften zu verwandeln, die man bewundern soll.

4. Kapitel

Freitags Rache

1. Die verheerenden Auswirkungen des „Vendredisme“

Als Daniel Defoe die Romanfigur Freitag erfand[1], ahnte er wahrscheinlich nicht, dass dieser eines Tages den Bereich der Phantasie verlassen und in Afrika Gestalt annehmen und sich dort ausbreiten würde. Defoes Geschöpf existiert und lebt heute vom Anti-Abhängigkeitskomplex der afrikanischen Spezialisten für authentische Entwicklung. Freitag symbolisiert gleichzeitig den edlen Wilden und den Abhängigkeitskomplex des primitiven Menschen gegenüber dem weissen Mann.

Die afrikanische Mentalität ist zu einem Tabu geworden, seit ein gewisser Mannoni, einer durch und durch missionarischen Überzeugung folgend, behauptete, Sklaverei und Kolonisierung liessen sich durch eine jahrhundertealte Veranlagung der „Primitiven“ erklären, alles Heil vom weissen Mann zu erwarten.[2] Der kritische Geist verkümmerte in Schwarzafrika und beschränkte sich auf ein einziges Thema in zwei Varianten: Komplexe und Abhängigkeit. Zu beweisen wäre, dass Mannoni unrecht hatte, weil Afrika dem Westen in nichts nachsteht, oder aber, dass er recht hatte, weil die Afrikaner ihre Zeit damit verbringen, den Westen nachzuäffen, in Wirklichkeit also nur grosse Kinder sind.

Seit dreissig Jahren ist viel Tinte geflossen darüber, wie die afrikanischen Traditionen sich der Moderne entgegenstemmen. Oder wie sie im Gegenteil der Moderne wegen aufgegeben werden. Warnungen über Warnungen vor den Gefahren der kulturellen Mimikry! Wer sich jemals auch nur für kurze Zeit in Afrika – und sei's in einer Hauptstadt – aufgehalten hat, weiss, wie weit Afrika von der Gefahr der „Verwestlichung" entfernt ist. Der heutige afrikanische „Freitag", der lange von der Demütigung Afrikas gut gelebt hat, ereifert sich über falsche Streitfragen – Verwurzelung, Entfremdung, Rückkehr zu den Grundwerten, Afrikanisierung, Widerstand etc. – und er wird dies, wenn man sich nicht in acht nimmt, noch lange tun.

Die afrikanischen Intellektuellen fordern unermüdlich die Errichtung eines Mehrparteiensystems, wodurch Neues und Fruchtbares entstehen soll. Angesichts ihrer rückwärts gewandten Geisteshaltung darf man sich allerdings fragen, ob die Einheitspartei das wichtigste Hindernis für die Meinungsfreiheit in Afrika ist. Denn die ganze intellektuelle Argumentation der afrikanischen Elite lässt eher darauf schliessen, dass das Fehlen der Demokratie eine real existierende Einheitsideologie widerspiegelt, der die Afrikaner – quer durch alle sozialen Klassen – zustimmen: den „Kulturalismus"[3]. Wenn man also genauer darüber nachdenkt, ist das Haupthindernis für die Meinungsfreiheit in der Unfähigkeit der Geister begründet, sich endlich zu befreien aus der verbissenen Beschäftigung mit der Aufwertung des eigenen Ichs. Das heutige Afrika weist eine Gleichförmigkeit des Denkens auf, die zeigt, dass es unfähig ist, sich selbst und die Aussenwelt anders als durch die Brille Mannonis wahrzunehmen.

Was hätten die Afrikaner von der Errichtung des Mehrparteiensystems, wenn ihnen schon die Fähigkeit zur Einsicht abgeht, dass es verschiedene Arten zu leben gibt und dass jeder seine eigene Art finden muss. Neue Anklagen an die Adresse des Westens und der selbstentfremdeten Elite? Oder eine systematische Umkehrung der missionarischen Vorschläge in ihr Gegenteil? Mit anderen Worten: Bevor man von Demokratie redet, muss man sich erst einmal fragen, was man von der verknöcherten und hinter einem hartnäckigen Verfolgungswahn verschanzten Gedankenwelt Afrikas eigentlich erwarten kann.

Die afrikanische „Gedankenwüste" beginnt genau an dem Punkt, an dem die engen von Mannoni und seinen Kollegen gesteckten Grenzen enden. Und da behaupten die afrikanischen Intellektuellen doch wahrhaftig, dass die Köpfe der Massen Schwarzafrikas dringend entkolonialisiert werden müssten! Was ist mit der afrikanischen Mentalität geschehen? Wollte man das Thema direkt angehen, geriete man sofort mit den aggressiven Gegenspielern der Mannoni-Theorie in Konflikt. Das intellektuelle Leben Afrikas beschränkt sich auf einen geschlossenen Kampfplatz, wo der von sich selbst überzeugte „Neo-Primitive" und der Zivilisator in seiner unerschütterlichen Überlegenheit einander auf beiden Seiten eines verrosteten Stacheldrahtes gegenüberstehen. Die Ehre verlangt, die gefährdete afrikanische Tradition mit dem Wurfspiess in der Hand zu verteidigen, und die grösste Mutprobe besteht darin, sich selbst aufzugeben, indem man dem westlichen Feind recht gibt. Der Umstand, dass der afrikanische Intellektuelle die Auseinandersetzung über den heutigen Stand der afrikanischen Zivilisation nur auf der Basis „Anprangerung–Verrat“ zulässt, beweist weniger die Behinderung der freien Meinungsäusserung durch die Einheitsparteien als die Grösse der Mauer, die den Zugang zur afrikanischen Mentalität versperrt. „Ruhe“, könnte man sagen, „lasst uns bloss nichts kritisieren, das machen die anderen schon zur Genüge.“ Und wenn man dann vielleicht doch Kritik wagt, heisst es: „Es wird darum gebeten, ein gewisses Mass an Kritik nicht zu überschreiten, da sonst die historische Verantwortung des Westens verloren gehen könnte.“ Schliesslich geht es um die Leibrente.

Zahlreiche Afrikaner bezweifeln zwar, dass die berühmt-berüchtigten „Diktate des IWF“, die den heutigen Imperialismus symbolisieren, zwangsläufig den Mechanismus von Herrschern und Beherrschten offenlegen. Aber wie davon reden, ohne Gefahr zu laufen, Mannoni recht zu geben?

Weil die Afrikaner keine Lösung für dieses Problem finden, bestehen sie weiterhin auf dem angeblichen Konflikt zwischen Tradition und Moderne, verlegen aber die Debatte auf die Ebene der Entwicklungshilfe, die „ständig spärlicher fliesst“, während die Verschuldung zunimmt. Der Widerspruch wird zu oft als eine Pflicht zum Widerstand gegen das Abendländische gesehen, die den „Neger“ gegen die Ansteckung durch eine technisierte und – wie man glaubt – im Niedergang begriffene Zivilisation immun macht.

In den siebziger Jahren erreichte wohl das Trommelfeuer Freitags in Sachen Entwicklung seinen Höhepunkt: Ohne jedes Verantwortungsgefühl wurde der noch lebendige Mythos aktiviert, wonach der „Neger“ zuständig sei für die Versorgung der Menschheit mit einer dem Westen nicht zugänglichen Geistesebene. Als es im Westen Mode wurde, links und grün zu sein, als die Langhaarigen schrien: „Make love, not war!", glaubten die afrikanischen Intellektuellen, in der Theorie der Rückkehr zur Natur den idealen, für Afrika passenden Weg zur Entwicklung gefunden zu haben. Sie riefen immer häufiger zur Ablehnung der Industrialisierung auf und ermahnten ein Afrika, das sich noch nicht einmal satt essen konnte, sich von der Konsumgesellschaft zu distanzieren! Der Westen hatte gerade erklärt – was für ein Glücksfall! –, dass diese Gesellschaftsform sehr gefährlich für die gesamte Menschheit sei, vor allem aber für die Afrikaner, die doch das bemerkenswerte Glück hätten, noch unterentwickelt zu sein. Die Konsumgesellschaft bringe die spärlichen Ressourcen des Planeten in Gefahr.

Als Ausweg schlug der Westen einen kargen, aber mit Blumen geschmückten Voluntarismus vor. Afrika, das für seinen lächerlich geringen Industrialisierungsgrad bekannt war, verkörperte die Nicht-Verschmutzung der Umwelt, die Reinheit der menschlichen Seele und konnte sich nur dazu beglückwünschen, dem Dämon der Maschine widerstanden zu haben. Damit war der Weg zum Heil gefunden. Er hatte zudem den Riesenvorteil, nichts zu kosten, denn um fortschrittlich zu sein, reichte es aus, alles beim alten zu lassen. Man konnte allenfalls überlegen, die traditionellen Technologien ein wenig zu verbessern, ihnen aber auf jeden Fall ein altmodisches Cachet in diesen Zeiten der aufblühenden Naivität zu lassen. Da es also darum ging, sich gegen jegliche Umweltverschmutzung zu schützen, strebte die afrikanische Elite freudig zu ihren Wurzeln zurück, zum Volk, ohne jedoch mit der harten Realität des Dorfes konfrontiert zu sein.[4] Das Afrika der siebziger Jahre sollte sich einem klösterlichen Glück weihen, indem es die Armut teilte und akzeptierte (Tévoèdjrè).[5] Das geistige Gleichgewicht der Bauern musste gerettet werden durch das Zurückweisen von „Fabriken-die-direkt-in-psychiatrische-Anstalten-führen" (Kouassignan).[6]

Tempels hat es schon gesagt: Die wirkliche Macht der Afrikaner lag in einer vitalen Kraft, die ihnen von den alten Traditionen mit einer verblüffenden kosmogonischen Wirkung verliehen wurde (Elungu).[7] Eine afrikanische Kritik der Geisteswissenschaften, die diesen Namen verdient, konnte nur auf der Fähigkeit der schwarzafrikanischen Forscher beruhen, das Verschlüsselte der traditionellen mündlichen Überlieferung wieder zu entdecken (Méloné).[8] Schliesslich hat zu allen Zeiten in Afrika ein ahistorisches Paradies auf Erden existiert: In dieses Paradies konnten aber nur diejenigen Seelen gelangen, die bereit waren, die Überlegenheit des ursprünglichen Glücks der afrikanischen Gesellschaften über die durch die Technik künstlich gewordene Welt anzuerkennen (Diawara[9], Austin Shelton[10]) etc.

Diese wenigen Beispiele eines schwärmerischen „Vendredisme" reichen wohl aus, um aufzuzeigen, dass das Afrika der siebziger Jahre weit davon entfernt war, sich der Aussenwelt zu öffnen. Es machte sogar eine rückläufige Entwicklung durch: Zehn Jahre nach Erreichen der Unabhängigkeit kam es wieder auf die Mythen der dreissiger Jahre zurück. Deshalb wird sich in Schwarzafrika ein kritischer Geist erst nach der „Ermordung" Freitags entfalten können. Statt gründlicher Studien haben die Intellektuellen den Afrikanern häufig nur einen selbstgefälligen Antikonformismus anzubieten, der sowohl auf einem grundlegenden Unverständnis des afrikanischen Sehnens und Trachtens beruht als auch auf der Überzeugung, dass es im Westen vergleichbare Traditionen nur noch bei den baskischen, bretonischen und korsischen Separatisten gebe, die nur zu gern die Industrialisierung ablehnen würden, wenn der böse Imperialismus sie nicht dazu zwänge. In Wirklichkeit ist natürlich alles viel komplexer. Die afrikanischen Intellektuellen und Politiker hatten schon immer grosse Schwierigkeiten, Gesellschaftsformen zu planen, die auf moderner Technik beruhen. Bei jeder sich ihnen bietenden Gelegenheit benutzen sie das Aufflammen der Argumentation der westlichen „Tiersmondistes" für ihre Zwecke, um dann noch mehr in der technologischen und wissenschaftlichen Lethargie zu versinken.

Heute, da die Gefahr besteht, dass die ausländische Hilfe statt nach Afrika in die neue Dritte Welt (Osteuropa) fliesst, ist es entscheidend, dass wir durch einen anderen Gedankengang als den eines Pseudo-Abhängigkeitskomplexes zu verstehen versuchen, warum Afrika, das sich als Opfer eines jahrhundertealten ausländischen Komplotts darstellt, in Schmähreden und Bettelei versinkt, obwohl es ganz andere Möglichkeiten hätte. Warum Afrika, das über grosse Reichtümer verfügt und seit Erreichen der Unabhängigkeit von einer breiten Unterstützung beim Entwickeln von neuen Konzepten profitiert hat, nach dreissig Jahren Freiheit immer noch so leicht zu kolonisieren ist. Afrika hätte die phantastischen Energien nutzen können, welche durch die Demütigungen während des Sklavenhandels und der Kolonisation entstanden, und sei es auch nur, um sich international Würde und unbestreitbare Achtung zu verschaffen. Durch welche seltsame Perversion hat sich eine Dritte-Welt-Doktrin, die sich die Rehabilitierung der Menschenwürde zum Ziel gesetzt hat, in anti-imperialistische Klagen und in einen Gulag verwandeln können? Das ist der afrikanische Anteil an der fragwürdigen Seite des „Tiers-mondisme". „Freitag" und „Babel" liefern einen guten Ansatz für eine Antwort auf diese Fragen. (Die hier neu eingeführte Gestalt von Babel stellt den abendländischen Menschen dar, der immer wieder Neues erfindet – versinnbildlicht im Turmbau zu Babel – und immer wieder Schuldgefühle wegen seiner technologischen Gipfelstürmerei empfindet. Im übertragenen Sinn stellt er den vor der modernen Technologie und ihren Auswirkungen warnenden „Tiers-mondiste" Westeuropas dar. Anm.d.Ü.)

2. Babel und Freitag suchen nach einem neuen Menschen

Als ein Teil des Westens in den sechziger und siebziger Jahren der Maschine wieder einmal den Prozess macht, indem er die Konsumgesellschaft kritisiert, gibt das intellektuelle Afrika vor, dies ebenfalls zu tun, aus Gründen, die eine nähere Untersuchung verdienen. Vielleicht glaubt Afrika, dass diese Ablehnung die erste dieser Art sei. Der Untergang des Abendlandes, der „Roboter und eindimensionales Denken fördernde" und „die Ozonschicht, das Familienleben und die echten menschlichen Beziehungen zerstörende" wissenschaftliche Fortschritt: Freitag glaubt, dass diese ganze Diskussion erst in der Nachkriegszeit entstanden sei, und verurteilt ebenfalls mit Nachdruck die Gefahren des wissenschaftlichen Fortschritts, dem er schon die Schuld an Sklavenhandel und Kolonisierung gegeben hat.[11] Überzeugt von der

Propaganda, dass die Maschine den Menschen und die Ressourcen des Planeten unwiederbringlich zerstöre, heult Freitag mit den Wölfen und verzichtet gar auf die Nutzung der eigenen Rohstoffe.[12] Die hochtechnisierte Gesellschaft ist gefährlich: Das beweist der Westen, der sich seit Ende des Zweiten Weltkrieges daran gemacht hat, eine Gesellschaft ohne Maschinen aufzubauen.[13] Und so kann sich auch der klarsichtige Freitag beglückwünschen, der Versuchung durch die Industrialisierung widerstanden zu haben. Sonnenenergie, Windenergie: Das kann man doch in den Wind schreiben, denkt er. Lasst uns Forscher ausbilden, aber dass sie ja nicht etwas erfinden, das nicht der wahren afrikanischen Kultur entspricht, denn der Westen befindet sich im Niedergang. Jetzt ist Afrika an der Reihe, sich hervorzutun.

Die Weltpresse ist voll von wissenschaftlichen Glanzleistungen des weissen Mannes. Freitag lacht nur darüber und glaubt, dass sie den Niedergang des Abendlandes nur noch beschleunigen.[14] Der Westen, das steht für ihn zumindest ab 1945 fest, befindet sich auf dem Weg in die Unterentwicklung. Da diese Einschätzung immerhin von der afro-asiatischen Konferenz in Bandung stammt, braucht man nur noch abzuwarten. Mit ein wenig Geduld wird Afrika bald rehabilitiert sein, und der Rückstand in den wissenschaftlichen Ambitionen, durch den der Kontinent fast überall in der Welt lächerlich erscheint, wird bald aufgeholt sein. So denkt Freitag im Dorf seiner Vorväter. Aber er wartet auf einen Niedergang des Westens, der so bald nicht kommen wird. Denn nach einer Geschichte aus der Bibel zog der weisse Mann schon damals den göttlichen Zorn auf sich, weil er einen Turm gebaut hatte, der so hoch war, dass der weisse

Mann vom Schwindel ergriffen wurde und sich für Gott hielt! Aber seit dieser Zeit macht der weisse Mann jedesmal sein „mea culpa“, wenn er das mulmige Gefühl hat, jene technologische Grenze überschritten zu haben, hinter der der Zorn Gottes in Form der Vernichtung der Menschheit droht.[15] Und wenn der weisse Mann in solchen Momenten laut ausruft, dass die Maschine den Menschen zerstört, dann geschieht das bloss, um Busse zu tun, und nicht, um endgültig auf die Maschine zu verzichten: Die Arche Noah ist immer in der Nähe, um die reuigen Babelisten aus der Sintflut des Hochmutes zu retten und sie zu noch besseren technologischen Horizonten zu bringen.

Aber Freitag zweifelt daran. Er ist davon überzeugt, dass der weisse Mann nicht mehr an seinen Gott glaubt, denn er geht nicht mehr in die Kirchen, die er doch selbst überall in Afrika gebaut hat, sondern sucht die Weisheit in Indien. Wie kann also Babel noch existieren? Das jüdisch-christliche Abendland lebt mit einem anderen ausdrücklichen Gebot der Bibel: Es soll den versteckten Sinn der Dinge entdecken, aber unter der Bedingung, sich nicht daran zu berauschen. Nur der Rausch ist den Pionieren aus der Vorzeit verboten, denen im übrigen folgender Rat gegeben wurde: „Wenn du Gott erfahren willst, studiere die Naturwissenschaften.“[16] Das Resultat ist dann zum Beispiel Einstein, der nach einem Traum, in dem er auf einem Lichtstrahl geritten ist, die Relativitätstheorie erfindet.

Das gedemütigte Afrika sollte daher der Kritik misstrauen, die der Westen in regelmässigen Abständen an Wissenschaft und Maschine übt. Wenn aber der afrikanische Kontinent eine Entwicklung ohne Industrialisierung vorzieht, soll er diese Entscheidung mit einer von äusseren Einflüssen unabhängigen Überlegung rechtfertigen und nicht mit der snobistischen, unkultivierten Einstellung eines Freitag, die die Überzeugung beinhaltet, dass Afrika im Verlauf seiner sehr langen Geschichte nichts erfunden hat.

Als sich Babel und Freitag in Indonesien treffen, um den Grundstein zu legen für die grosse Verbrüderung der Dritten Welt, gibt es im Westen den Kalten Krieg, jahrtausendalte Ängste und offensichtliche Zweifel am technischen Fortschritt, der zu dem unglaublichen Schlachtfeld des Zweiten Weltkrieges geführt hat. Ein Teil des liberalen Westens ist der Ansicht, dass vom Westen keine geistige Erneuerung ausgehen könne, und glaubt, die Schuld weniger in der Maschine als in ihrem Gebrauch gefunden zu haben. Man denkt zu dieser Zeit, dass der wissenschaftliche Fortschritt zwei Arten von Gesellschaften hervorbringe: eine gute Gesellschaft, die des sowjetischen Sozialismus, der 1956 Ungarn überfällt, aber nur ein Jahr später seinen ersten Sputnik in den Weltraum schiesst; und eine schlechte, die des imperialistischen Kapitalismus (zu jener Zeit ein Pleonasmus), aus der sich Tausende ehemalige Kolonisierte soeben befreit haben und nun endlich sagen können, wie sehr sie unter der Fuchtel des westlichen Bourgeois gelitten haben.

„Seit der Renaissance“, so sagt ein berühmter Kommentator der Konferenz in Bandung, „seit der Zeit der grossen Entdeckungen, die den Anfang der Unterwerfung der Welt und besonders der nicht-weissen Völker durch die Europäer darstellt, gab es kein Ereignis von solcher historischer Tragweite. (...) Die Konferenz von Bandung war stärker als ein militärischer Triumph (...), stärker als eine wissenschaftliche

Entdeckung (...): Sie war ein moralischer Sieg der farbigen Völker. Zum ersten Mal erhoben Völker, die bis vor kurzem noch als ‚Angehörige von Zivilisationen ohne Maschinen' verachtet und unterdrückt worden waren, stolz ihr Haupt und besiegelten durch die Stimmen ihrer Abgesandten feierlich ihre Menschenwürde. Im Bewusstsein, die Mehrheit der Menschheit zu vertreten, übernahmen sie die Verantwortung für ihre Situation. Sie proklamierten die Moral, die die Beziehungen zwischen den Staaten bestimmen sollte, sie klagten die Gewalt an, verdammten todbringende Erfindungen, proklamierten Freiheit und Gleichheit für alle Völker als Bedingung *sine qua non* für eine friedliche Koexistenz. Bandung (...), das ist die Verdammung des Kolonialismus und darüber hinaus der weissen Völker europäischer Abstammung, einschliesslich der Russen, vor der Geschichte."[17]

Das scheinbar jungfräuliche Strafregister des sowjetischen Sozialismus hinsichtlich kolonialistischer Schandtaten verleiht ihm einen gewissen Charme. Dieser Charme verwandelt sich in eine unwiderstehliche Anziehung, als Freitag erfährt, dass eine sowjetische Persönlichkeit – kein anderer als Lenin, dessen Veröffentlichungen den Kampf seines Volkes gegen die finanzielle Vorherrschaft durch die kapitalistische Bourgeoisie ausführlich darlegen –, dass also Lenin, zumindest theoretisch, auch die Frage der Unterentwicklung löst, ohne die Sünde der Ausbeutung des Menschen durch den Menschen zu begehen.[18] In diesen Zeiten der anti-kapitalistischen und anti-kolonialistischen Verbrüderungen wirkt eine solche Unterstützung wie ein Wunder. Freitag jubiliert. Er steht unmittelbar vor der Unabhängigkeit. Der Sozialismus zieht ihn unwiderstehlich an. Das Einparteiensystem[19] fasziniert ihn, es erinnert ihn an den traditionellen Gemeinschaftssinn seines Dorfes. Freitag gerät in Fahrt und verkündet allenthalben seine Absicht, auf dem afrikanischen Kontinent eine sozialistische Entwicklungspolitik in Gang zu setzen, sobald Afrika die Unabhängigkeit erlangt habe. Das Misstrauen gegenüber der Maschine scheint für einen Moment zu verblassen. Aber es taucht relativ schnell wieder auf, als die Atomversuche des weissen Mannes die Gefahr eines neuen Hiroshima und Nagasaki in der Sahara heraufbeschwören.[20]

Sowjets und Amerikaner liefern sich im Namen von zwei verschiedenen Ideologien einen ungezügelten Rüstungswettlauf, aber sie hüten sich vor einem direkten Zusammenstoss, indem sie ihren schmutzigen Krieg in immer weiter entfernte Länder exportieren: Die Welt ist verrückt geworden. Freitag und Babel sind beunruhigt und richten SOS-Rufe an die Vernunft, aber diese scheint den Geist des weissen Mannes verlassen zu haben. Freitag, der auf seinem eigenen Boden von der berühmt-berüchtigten Zivilisation durch die Maschine bedroht wird, sieht vielleicht in dieser Eskalation einen guten Grund, auf das Modell der industriellen Entwicklung zu verzichten, das – wie er glaubt – weit von den Vorschriften seiner Ahnen zum Schutz der Natur entfernt ist. Seit der Ankunft des weissen Mannes ahnt Freitag, dass er nichts erfunden hat, und gerade das ruft man ihm wieder einmal in Erinnerung. Der senegalesische Philosoph Cheikh Anta Diop beweist in seinen Schriften zwar das Gegenteil, aber die Missionare bestätigen Freitag, dass er der Meister des Übernatürlichen ist, genauso wie der weisse

Mann der Meister der Wissenschaft und der modernen Technologien ist.

In den fünfziger Jahren haftet den maschinenlosen Gesellschaften etwas Paradiesisches an. Sie erinnern an ein im Westen fast vergessenes goldenes Zeitalter. Deshalb glaubt Freitag, darin die Begründung seiner ontologischen und kulturellen Überlegenheit über den weissen Mann gefunden zu haben. Es ist auch die Zeit der Utopien: Man erwartet Wunder von den „vom Joch der Kolonisierung befreiten" Völkern. Dem Abendland, ob kapitalistisch oder nicht, steht es nicht zu, Lehren zu erteilen; es hat sich völlig disqualifiziert, vor allem der Westen. Afrikaner und Asiaten haben sich gerade von der Hegemonie des Westens befreit. Die Nazis haben Millionen Juden wegen ihres Judentums ermordet. Und noch schlimmer: Hitler, ein Weisser, hat versucht, diese Überlegenheit, die sich vorher auf ganz Europa bezog, ausschliesslich auf die arische Rasse zu beschränken, und beinahe hätte er es geschafft.[21]

Das Absurde solcher Ideologien tritt in seiner ganzen Schrecklichkeit zu Tage. Es ist Zeit, diesem gefährlichen Spiel ein Ende zu setzen, die Gleichheit aller Menschen ungeachtet ihrer Verschiedenartigkeit zu fordern und darauf zu achten, dass die strikte Gleichstellung von Gesellschaften mit Wurfspiess und Gesellschaften mit Atombombe von nun an nicht mehr in Frage gestellt wird.

„Niemals war der Westen, in dieser Zeit, als er sich am meisten an seinen eigenen Worten berauschte, weiter davon entfernt, den Anforderungen eines wahren Humanismus zu entsprechen, den wahren Humanismus zu leben, einen Humanismus, welcher der Welt gerecht wurde."[22]

Angesichts dieser durchschlagenden Niederlage wird die Verschiedenartigkeit zu einem Recht, ja mehr: zu einer universalen Pflicht. Von nun an ist jeder gebeten, sein traditionelles und blödes Gesicht zur Schau zu tragen: Der kulturelle Relativismus[23] wird zur Pflicht.

Die Erfolge Fidel Castros[24] gegen den Yankee-Imperialismus, die grossen Fortschritte der chinesischen Bauern unter der Führung ihres „Grossen Steuermannes" Mao Tse-tung, das wissenschaftliche und ideologische Prestige des sowjetischen Sozialismus sind Anlass zu Hoffnungen, dass es mögliche Alternativen gibt zur Industrialisierung und zum kapitalistischen System. Babel vermutet, dass es sich eigentlich bei den beiden Begriffen nur um zwei Seiten ein und derselben Medaille handelt. Freitag hingegen gibt vor, das nicht zu wissen, träumt davon, endlich das Stückchen Erde seiner Vorfahren nach seinem Gutdünken bestellen zu können, und er zählt dabei auf die Kraft seiner Bantu-Herkunft, um sich in seiner Spiritualität entwickeln zu können. Berauscht von der Idee seiner bevorstehenden Unabhängigkeit, sieht Freitag zwei Möglichkeiten: entweder die Übernahme des sozialistischen Modells der Entwicklung, unter gleichzeitiger Anpassung an die Forderungen der Welt seiner Ahnen, oder eine klare Entscheidung für den Aufbau einer neuen Gesellschaft auf der Basis der afrikanischen Werte.[25] Seinem Land fehlt es weder an Arbeitskräften noch an den „begehrten" Rohstoffen. Für die Finanzierung der Entwicklung würde es schon ausreichen, beides, so wie es ist, zu verkaufen.

Der sowjetische Messias erweist sich als immer beunruhigender: Man verdächtigt ihn, zumindest ebenso habgierig zu sein wie der Yankee-Wolf, dessen wissenschaftliche und militärische Erfolge er ständig nachmacht. Angesichts des nuklearen Wahnsinns kann es keine halben Sachen mehr geben: Man muss einen völlig neuen Menschen erschaffen, einen, der auch in Zukunft so bleiben will. Der Kandidat für diese hehre Würde sollte von seiner Herkunft her nicht dazu neigen, Forschungen über den Explosionsmotor anstellen zu wollen. Und sollte das doch der Fall sein, so sollte er die Ergebnisse seiner Entdeckungen wenigstens geheim halten. Durch diese Bedingung scheiden viele Völker vorzeitig aus: Die Chinesen haben das Schwarzpulver erfunden, die Araber die Arithmetik, die Europäer die Dampfmaschine. Es bleibt nur noch Freitag übrig. „Endlich“, seufzt er, „trotz ihrer militärischen Schwäche haben die meisten farbigen Völker einen sicheren moralischen Vorsprung vor den europäischen Ländern“.[26] Der Posten passt zu ihm wie der weisse Handschuh zu einem First-Class-Butler. Einstimmig wird er auserwählt, denn er hat beträchtliche Trumpfkarten in der Hand: Er hat weder das Rad noch die Schrift erfunden; er verfügt über eine sehr lange Tradition der Pflege von Kunst und Wissen im kleinen Kreis; seine primitiven Kunstwerke sind Endprodukte und nicht etwa – so wird betont – der Anfang einer künstlerischen Entwicklung.[27] Das absichtlich rudimentäre Niveau seiner Technologien ist der Beweis für seine angeborene Hellsehergabe, die im Westen durch die Maschine erstickt worden ist. Freitag jedoch, schlauer als die anderen, hat sich im Laufe seiner langen Geschichte bemüht, von seinem kulturellen Erbe all das fernzuhalten, was sich zwischen ihn und sein Unbewusstes hätte stellen können: Er ist sozusagen ein Wegbereiter von C.G.

Jung und Sigmund Freud gewesen.[28] Braucht der Westen Seelenkraft? Ausgezeichnet, Freitag hat welche anzubieten. Er sieht die Zukunft der Menschheit in einer weltweiten Vereinigung auf der Basis eines Dialogs zwischen den Zivilisationen und einer kulturellen Vermischung. Und zu diesem Thema könnte er der Welt Schätze anbieten, wenn man ihm nur zuhören wollte! Geboren ist der fröhliche Primitivismus! Man glaubt, der Rehabilitierung von Menschlichkeit beizuwohnen, während in Wirklichkeit der „gute Wilde“, angeheuert für die Vermittlung zusätzlicher Spiritualität, nur den Dienst in neuem Gewand wieder aufnimmt.

Von nun an heisst es: *Du grosser Freitag, ich winziger Robinson.* Das ist quasi der umgekehrte Abhängigkeitskomplex. Prometheus lacht sich ins Fäustchen, arbeitet weiterhin an der Perfektionierung seiner Maschinen, bedient sich ihrer zur Beherrschung der Welt und verbringt seine Ferien in der Sonne Freitags, um sich von der Anstrengung und der Eintönigkeit seiner hochtechnisierten Gesellschaft zu erholen. Freitag hat sich nicht verändert: Er sitzt auf seinen Rohstoffen. Er wartet immer noch auf den Untergang des Westens. Bald kann man ihn deshalb in seinem traditionellen Boubou sehen, wie er Rosa Luxemburgs und Lenins Theorien in Stücke zerreisst, und zwar aus dem einfachen und verständlichen Grund, weil Gorbatschow höchstpersönlich mit dieser Mode angefangen hat. Genauso wirft er die Theorie der wirtschaftlichen Befreiung auf den Mist, die ihm gebietet, grosse, zusammenhängende Wirtschaftsräume zu schaffen; als Vorwand dafür dient ihm die Behauptung, N’Krumah und Samir Amin seien nicht mehr zeitgemäss. Er verstärkt seinen Hang zu „Zwergstaaten“, weil die Nationalitäten in Osteuropa immer lauter auf ihr Recht pochen. Er behält das

Einparteiensystem sowjetischer Herkunft bei, weil der innerstaatliche Zusammenhalt angeblich noch zu schwach ist. Er prangert aus reiner Gewohnheit weiterhin den Neokolonialismus an und fordert aus reiner Bequemlichkeit weiter eine Entwicklungshilfe, die aus einer aussterbenden Solidarität für die Dritte Welt stammt. Eines steht für Freitag fest: Es gibt ein historisches Komplott des weissen Mannes gegen den schwarzen Mann. Der Beweis: Die Entwicklungshilfe nimmt ab, die Schulden nehmen zu.

3. Das fragwürdige Dritte-Welt-Engagement

Babel ist sich treu geblieben: Er ist über den Lauf der Welt beunruhigt, deren Untergang er ständig voraussagt; er hat Angst vor der Industriegesellschaft, zu deren Verlassen er sich dennoch nicht entschliessen kann. Er verteidigt die natürlichen, im Verschwinden begriffenen Ressourcen, darunter auch Freitag, seinen kleinen unschuldigen Bruder.

„Es wäre wirklich unerhört“, erklärte Tempels, „wenn der weisse Erzieher sich darauf versteifen würde, im schwarzen Mann den ureigenen menschlichen Geist zu zerstören, diese einzige Tatsache, die uns daran hindert, ihn als einen minderwertigen Menschen zu sehen! Es wäre ein Verbrechen der Kolonisatoren gegen die Menschheit, die primitiven Rassen von dem Wertvollen, von dem, was ein Körnchen Wahrheit in ihrem Gedankengut ausmacht, zu trennen (...).“[29]

Freitag kann dem nur zustimmen. Er kennt eine wissenschaftliche afrikanische Theorie, die genau dasselbe sagt: „Im Augenblick findet eine dritte negro-afrikanische Revolution als Reaktion gegen den Materialismus – sowohl in seiner kapitalistischen als auch kommunistischen Spielart – statt. Diese Revolution wird die moralischen und sogar die religiösen Werte in die politischen und wirtschaftlichen Beiträge der beiden vorangegangenen Revolutionen einbringen: Bei dieser letzten Revolution müssen die Schwarzafrikaner ihren Teil zum Aufbau einer neuen weltweiten Zivilisation beitragen (...).“[30]

Diese Revolution wird nicht stattfinden. Denn Freitag, der seit der Unabhängigkeit ausgeplündert und umworben wird, ist „mal parti“, schlecht gestartet, und inmitten einer trägen und satten Konsumgesellschaft, die ihn aushungert, langsam am Ersticken. Babel verabscheut diese Gesellschaft so sehr, dass er nur noch Joghurt light und kaltgepresstes Öl zu sich nimmt und am Wochenende sein Auto gegen ein teures Fahrrad eintauscht – das selbstverständlich nichts mit Rohstoffen und der Entwicklung von Maschinen zu tun hat. Zu Fuss gehen erschöpft ihn. Freitag dagegen glänzt auf diesem Gebiet: Er hat bis heute alle olympischen Medaillen in der Leichtathletik gewonnen. Er kann stundenlang ohne zu ermüden in der prallen Sonne arbeiten – vorausgesetzt, es gibt ein Tamtam –, aber er würde sofort sterben, wenn man ihn in eine Fabrik steckte. Denn das verbieten ihm seine Traditionen[31], davon ist Freitag überzeugt. Ausserdem zeigt er keinerlei Eifer, bei sich Fabriken anzusiedeln. Wenn ausländische Kapitalgeber diese Aufgabe nicht übernehmen, wird nichts den wiedergefundenen präkolonialen Frieden seines tapferen Tänzervolkes stören, dafür verbürgt sich Freitag. Und überhaupt: Wie könnte er denn schon Fabriken bauen? Selbst wenn er wollte, könnte er nicht: Er hat grosse Geldprobleme und für ihn unerklärliche Schulden. Auch wenn er wieder und wieder nachrechnet, das Rätsel bleibt bestehen – undurchdringlich, unergründlich, dunkel, wie ein Komplott ausländischer Banken. Denn wie konnten fünfzig aus Jugoslawien importierte und mitten im Dorf seiner Vorväter aufgebaute Marmorpaläste, hundert vergoldete Badezimmer, fünfzig kleine Ferrari und ebensoviele Porsche, Mercedes und Jaguar, fünfzig Chanel-Kostüme für die Geliebten – wie konnten sie das Budget seines persönlichen Jahresetats nur so schnell ausschöpfen? Dahinter verbirgt sich, das ist klar, ein ferngesteuerter Versuch zur Erdrosselung seines Staates. Erst die Kolonisation und die Sklaverei und jetzt auch noch die Verschuldung.[32] Aber wie stellen sie das eigentlich an? Freitag versteht sich nur auf die authentische afrikanische Kultur. Buchhalterische Nachforschungen in bestimmte Richtungen sind ihm zuwider. Daher entschliesst er sich, Babel, seinen Freund und Berater in Sachen Entwicklung, zu Hilfe zu rufen. Letzterer denkt nach und legt schliesslich einen umfangreichen Bericht vor, der ungefähr folgendes besagt: „Freitag, treu dem Geist von Bandung, hat seinen Posten, der ihm natürlicherweise zugefallen war, beibehalten und seit dreissig Jahren ohne Unterlass seine Ananas an den Westen geliefert. Er ist ein guter Geschäftspartner. Nur: Seine Ananas werden ihm zu immer niedrigeren Preisen abgekauft oder gegen immer teurere Maschinen eingetauscht (Verschlechterung der ‚Terms of trade'). Diese Maschinen sind zudem so kompliziert, dass Freitag nichts davon versteht und sie unweigerlich im Regen verrosten lässt (Technik-Terror). Aber das hindert ihn weder daran, neue zu erhalten, noch sie zu bezahlen (imperialistische Raffgier); und bei allen Stämmen ist es dasselbe."

Babel, entnervt über die Folgerungen seiner eigenen Analyse, schreibt wütende Traktate, die diesen Skandal anprangern, die die Ausbeutung der Ressourcen Afrikas, die Vernichtung der einheimischen Landwirtschaft und die Mittäterschaft der durch die Kolonisation entfremdeten Eliten anklagen. Und er will Freitag helfen, ein für allemal aus der verdorbenen Welt der Verschuldung, der Fabriken, der chemischen Düngemittel, der Pestizide, der Traktoren, der das Ökosystem zerstörenden Staudämme herauszufinden. Aber wie? Der ausgeraubte Freitag hat offensichtlich den Geschmack eines Neureichen: Er zieht den Rolls Royce dem Fahrrad vor, spielt Golf in England und empfängt schon morgens mit teurem Champagner. Er führt sich auf wie ein Ölscheich, während es seinem Volk, ebenfalls Opfer eines finsteren internationalen Komplotts, an Proteinen mangelt. Es ist eindeutig: Die Kolonisation hat ihn seinem Volk entfremdet. Er hat weder durch Bandung noch durch den Kalten Krieg dazugelernt: Er vergisst sich. Was die koloniale Entfremdung betrifft, so stimmt Freitag dem zu. Er entschliesst sich, etwas dagegen zu tun, und gibt Milliarden für das Vergnügen aus, sich Bapwumpwum Wa Bapwumpwum statt Casimir-Gontran Duglandar zu nennen.[33]

Er behauptet, dass seine angeblichen Allüren eines Parvenu in Wirklichkeit Bemühungen um eine kulturelle Rehabilitation seien. Denn bei genauerer Betrachtung handle es sich darum, die paradiesische Epoche wiederaufleben zu lassen, als seine Ahnen über riesige Reiche herrschten, die über Gold, Diamanten und Sklaven aus dem Nachbardorf in Überfülle verfügten. Schliesslich wäre Freitag sogar bereit, den Kapitalismus nach Art der Weissen zu übernehmen, wenn es da nicht all diese Probleme mit der antiafrikanischen Sparpolitik gäbe. Denn in den vorkolonialen Zeiten der Authentizität bewunderte das Volk nur diejenigen Anführer, die das Geld mit vollen Händen ausgaben. Der entsetzte Babel fällt fast in Ohnmacht. Freitag kommt vom rechten Weg ab! Er ist niemals Kapitalist gewesen. Als guter, in Sachen afrikanische Stämme bewanderter Ethnologe weiss Babel schliesslich genau, dass Freitag von matrilinearen Gemeinwesen stammt, in denen die Menschen einander verpflichtet waren. Die Vorfahren Freitags, das wurde wissenschaftlich bewiesen, waren die Avantgarde des Urkommunismus.

Babel zählt wild durcheinander die grossen ökologischen Errungenschaften dieser ehrwürdigen Zivilisation auf, um Freitag wieder zur Vernunft zu bringen: schöne, mit grünen Zweigen bedeckte Lehmhütten; gemeinsam am Kuhfladenfeuer verbrachte gastliche Abende; gekonnter Umgang mit Feuerholz und Feuerstellen mit nur drei Steinen. Und das alles ist durch Erdöl, Individualismus, Beton, Zahlen und Buchstaben ersetzt worden! Das soll Fortschritt sein? Es schaudert Babel bei dem blossen Gedanken. Er rät seinem Freund, gut nachzudenken, bevor auch er in Richtung „Fortschritt“ startet. In einem Anfall von Grosszügigkeit schlägt er vor, zwei Fliegen auf einen Schlag zu treffen: einerseits die uralten Technologien ein wenig zu verbessern, um auf immer der Abhängigkeit vom untergehenden Westen zu entgehen, anderseits die verlorene Harmonie der frühen afrikanischen Gesellschaften zum Wohle der ganzen Menschheit wieder herzustellen und zu bewahren. Warum sollte der Westen, der dekadente, seine umweltzerstörerischen technischen Gesetze der ganzen Welt aufzwingen?

Sollen doch die, die sich nicht mehr im Tempo der Esel und Kamele fortbewegen, selber sehen, wie sie zurechtkommen. Und wenn es nur noch einen einzigen Esel auf der Erde gäbe, Freitag ist fest entschlossen, dieser Esel zu sein.

5. Kapitel

Die Liberalen

1. Hin zu einer liberalen Synthese?

Ich habe schon erwähnt, dass die Auffassungen über die Ursachen der Unterentwicklung je nach den politischen Überzeugungen der Theoretiker und der Ideologien, die gerade Mode sind, unterschiedlich ausfallen. Bis ungefähr Mitte der achtziger Jahre stritten sich zwei voneinander klar abgegrenzte Denkrichtungen zum Thema Unterentwicklung um die Wahrheit. Die Marxisten machten sich daran, die Thesen derer zu widerlegen, die – wie Rostow – glaubten, dass der westliche Lebensstil nicht nur der Weg, sondern auch das Ziel aller menschlicher Gesellschaften sei. Die berühmte These von Rostow lautete: „Wenn man von der Wirtschaft ausgeht, dann durchlaufen alle Gesellschaftssysteme eine der folgenden fünf Etappen: traditionelle Gesellschaft, Übergangsgesellschaft, ‚Take off', Reifestadium, Wohlstandsgesellschaft."[1]

Die Dritte-Welt-Anhänger haben dieser Theorie hauptsächlich vorgeworfen, sie nehme – unter dem Deckmantel des „Laisser-faire" – den Abzug der für die Entwicklung der Peripherie notwendigen Kapitalien durch die dort tätigen Multis auf die leichte Schulter.[2] Was seither indessen geschehen ist, zwingt die Spezialisten, ihre Thesen zu überdenken[3], ja sogar zu widerrufen.

Seit gut zehn Jahren ist die Geschichte des Westens vom Niedergang des Marxismus-Leninismus und dem darauf folgenden Erstarken des Liberalismus gekennzeichnet. Der Liberalismus ist heute im Begriff, der ganzen Welt sein wirtschaftliches und soziales Dogma als Selbstverständlichkeit zu verkaufen – der Ausgang des Prozesses ist offen. Indessen, welche Ideologien oder Wirtschaftssysteme auch immer aus der Liquidation des Marxismus und der Erbmasse des Kalten Krieges entstehen werden, zahlreiche Anzeichen weisen schon jetzt darauf hin, dass der Westen künftig die Unterentwicklung Afrikas als eine rein afrikanische Angelegenheit betrachten und immer weniger bereit sein wird, die aus der Nachkriegszeit stammenden solidarischen Beziehungen mit Übersee aufrecht zu erhalten, gerade so, als seien sie hinfällig geworden[4]. Die Epoche, in der marxistische Ökonomen der Rostowschen Wirtschaftsstufen-Theorie vorwarfen, die finanziellen Auswirkungen der Multinationalen auf die Volkswirtschaften der Kolonien zu verkennen, scheint vorüber. Niemand glaubt mehr im Westen – und das ist eine echte Revolution –, dass die Raffgier der multinationalen Firmen die Ursache für den Kapitalmangel in Afrika sei. Man ist sogar an einem Punkt angelangt, wo man sich fragt, was die Multis eigentlich „in den Peripherien machen sollten", und nachweist, dass „der Kapitalismus aus dem Imperialismus entsteht" und nicht umgekehrt; und dass die angebliche Abneigung des Westens gegenüber der Industrialisierung der Dritten Welt ein Mythos ist.[5] Im Westen ist „Neoneutralismus" angesagt, der für die Zukunft Afrikas weitreichende Folgen hat: Der Untergang des Marxismus-Leninismus hat das Ende eines linken „Humanitarismus" eingeläutet, von dem Afrika nahezu dreissig Jahre profitiert hat.

2. Afrika im Abseits

Seit Bandung lebt Afrika in der Illusion, dass die internationale Moral es vor aller Unbill bewahren werde, auch vor seiner Unfähigkeit, sich ausreichend zu ernähren. Afrika liess sich vom blinden Anti-Maschinenkult der Nachkriegszeit überzeugen, die einzige Zivilisation des 20. Jahrhunderts bleiben zu müssen, die weiterhin ohne Maschinen auskommt, und hat seit Erreichen der Unabhängigkeit keinerlei Anstrengung unternommen, auf regionaler und lokaler Ebene Industrien aufzubauen, welche die Abhängigkeit vom Ausland verringern könnten. Dabei wusste Afrika wohl, dass dies der einzig mögliche Weg zur Eigenständigkeit gewesen wäre; oft genug ist es darauf hingewiesen worden. Doch es entschied sich, alle Warnungen zu überhören und N'Krumah der Intoleranz zu bezichtigen[6], überzeugt, dass es noch lange vom ideologischen Antagonismus der beiden Blöcke profitieren könne. Afrika spekulierte auf eine durch die politische Situation bedingte Rente. Aber plötzlich verändert sich die weltpolitische Situation, und die Grundlagen der Rente fallen dahin. Am Ende des Kalten Krieges steht Afrika also als der grosse Verlierer da. Dabei haben sich die Ereignisse in Mittel- und Osteuropa nicht von heute auf morgen vollzogen. Im vergangenen Jahrzehnt konnten die Afrikaner verfolgen, wie das Interesse Europas an seinem marxistischen Teil ständig zunahm. Und wie sich gar europäische Politiker gegenseitig aufforderten, ihre anti-sowjetische Rhetorik aufzugeben, und immer wieder bekräftigten, dass die „Länder des Ostens in das internationale Welthandelssystem aufgenommen werden sollten“[7]. Spätestens seit dem ersten Ölschock gab es ständig Anzeichen dafür, dass der Westen eine Neuorientierung seiner finanziellen Prioritäten vornehmen und die Entwicklungshilfe für Afrika darunter leiden würde.

Die Trendwende in der öffentlichen Meinung des Westens kam Anfang der achtziger Jahre im sogenannten „Neo-Tiers-mondisme“ am deutlichsten zum Ausdruck. Damals schlug das Buch Pascal Bruckners *Das Schluchzen des weissen Mannes* wie ein Blitz in die heitere Welt der Dritte-Welt-Verbesserer ein und löste ein grollendes Donnern aus. Und was tut Afrika? Vier Jahre später konnte man in der afrikanischen Presse noch immer das Gejammer über „den Rückgang des ausländischen Mannas“[8] lesen. Doch es gab auch andere Reaktionen. 1986 veröffentlichte Edem Kodjo, der sich der Auswirkungen dieses Sinneswandels auf die Zukunft Afrikas sehr wohl bewusst war, ein wegweisendes Buch, in dem er Afrika vor seinem verhängnisvollen Hang warnte, mit immerwährender Entwicklungshilfe aus dem Westen zu rechnen: „Mögen sich die Afrikaner endlich der Realitäten in der Welt bewusst werden“, so schrieb er. „Dann werden sie erkennen, dass die Industriemächte, die mit riesigen sozialen Schwierigkeiten in Form von Millionen Arbeitslosen konfrontiert sind, genügend beschäftigt sind, die Armut in ihren eigenen Ländern abzubauen, und dass logischerweise das Ausmerzen der Not in fernen Ländern nicht zu ihren vordringlichsten Prioritäten gehört.“ Er zog folgende Schlussfolgerung: „Wir müssen im Rahmen der weltweiten Wirtschaftspolitik davon überzeugt sein, dass unser Kontinent viele Trümpfe besitzt, und dass wir die einzigen sind, die – *mit oder ohne Hilfe von aussen* – unseren eigenen Reichtum schaffen können, durch eine Entwicklung, die unseren Bedürfnissen entspricht."[9]

Der Abbau der Spannungen zwischen Ost und West und die Einstellung des Rüstungswettlaufs werden im Westen keineswegs eine Politik auf den Plan rufen, welche eine sanfte Industrialisierung Afrikas fördern will – aus verschiedenen Gründen. Vor allem hat sich die Dritte Welt seit 1945 beträchtlich verändert und tritt nicht mehr als harmloses Ganzes auf, das Hilfe braucht: Indien und China besitzen die Atombombe. Afrika scheint sich nicht bewusst zu sein, dass es marginalisiert ist, nicht nur gegenüber den westlichen Industriemächten, sondern auch gegenüber den neuen Industrieländern[10], die nach dem Krieg zusammen mit Afrika noch zu den „armen Ländern" gehörten. Statt auf die Hilfe Westeuropas zu warten, sollte Afrika begreifen, dass die Europäer auf die unerbittliche Konkurrenz, die ihnen durch diese neuen Industrieländer auf dem Weltmarkt der Investitionsgüter erwächst, mit der Konzentration der Kräfte reagieren werden, und nicht etwa mit der Förderung eines weiteren Konkurrenten. Für Afrika wird es keinen Marshallplan geben: Dies ist die erste Folge der Revolution Gorbatschows und der zunehmenden wirtschaftlichen Annäherung von West-, Mittel- und Osteuropa. Afrika muss auch wissen, dass mit dem Auftauchen neuer Industrieländer auf dem Weltmarkt „der Mythos von der Unfähigkeit der nichtwestlichen Länder, hochentwickelte Technologien meistern zu können, zusammengebrochen ist"[11]. Damit verschwand auch der Glaube an die Entwicklungshilfe. Ein Land wie Japan zum Beispiel konnte – ohne zur Dritten Welt zu gehören und obwohl es nicht an der ersten europäischen industriellen Revolution teilgenommen hat – amerikanisches Kapital, ausländische Erfindungen und wissenschaftliche Forschung mit seiner eigenen Erfindungsgabe kombinieren und für seinen Aufstieg zu einer Weltmacht nutzen. Afrika, das seit Bandung vorgibt, sich vor der industriellen Verschmutzung schützen zu wollen, um seine magische Seele intakt zu halten[12], müsste doch wissen, dass Indien, dessen Spiritualität hinter der Komplexität der afrikanischen Schöpfungstheorien nicht zurücksteht, „trotz seiner 240 Dollar Jahreseinkommen pro Kopf Industrien für Grundbedürfnisse und hochentwickelte Investitionsgüter einschliesslich der Rüstungsindustrie errichtet hat, hochqualifiziertes Führungspersonal ausbildet sowie Forschungszentren und eine mächtige Armee unterhält“[13].

Man könnte noch mehr Beispiele für diese doppelte Marginalisierung Afrikas anführen. Aber meiner Meinung nach ist das Wichtigste dabei folgende Tatsache: Die Gründe, die für Entwicklungshilfe für die Dritte Welt sprachen, haben erheblich abgenommen, seit auf der internationalen Szene eine kreative Dritte Welt ohne Komplexe mit frappierenden Handelserfolgen aufgetaucht ist. Die Afrikaner sind die einzigen Menschen auf der Welt, die noch meinen, dass sich andere als sie selbst um ihre Entwicklung kümmern müssen. Sie sollen endlich erwachen.

Die Abseitsstellung Afrikas erklärt sich auch dadurch, dass sich sein Image seit Erreichen der Unabhängigkeit unaufhörlich verschlechtert hat. Seit dreissig Jahren muss sich die internationale öffentliche Meinung – ob rechts oder links – mit den zunehmenden Widersprüchen eines Kontinents auseinandersetzen, der mehr Kraft und Ausdauer darauf verwendet, Grundrechte gegenüber dem Westen einzufordern, als sie seinen eigenen Bürgern zuzugestehen. Das war der Fall bei der Forderung nach einer neuen internationalen Informationsordnung, die dazu beitrug, die mehr als dreckigen Westen von ungebildeten Politikern zweifelhafter Moral wieder reinzuwaschen. Das war der Fall bei der Diskussion um eine neue Weltwirtschaftsordnung, die, ohne je das Licht der Welt zu erblicken, die Taschen der im Vergleich zum Rest der Bevölkerungen skandalös reichen afrikanischen Oligarchien füllte. Das ist der Fall bei dem empörten Gezeter der politischen Führer und der afrikanischen Intellektuellen, die auf internationalen Foren Meinungsfreiheit vom Westen verlangen, während sie gleichzeitig im eigenen Land die freie Meinungsäusserung unterdrücken[14]. Und so geht es mit der Demokratie[15], mit den Menschenrechten[16] oder mit ausländischer Finanzhilfe, die unterschlagen wird etc. Die Liste dieser Betrügereien ist lang und der breiten Öffentlichkeit wohlbekannt. Heute sieht alles danach aus, als ob Afrika sowohl im Inneren als auch auf internationaler Ebene auf Dauer diskreditiert sei. Das Aktionsprogramm der Weltbank für die Entwicklung Afrikas südlich der Sahara[17] stellte in dieser Hinsicht eine entscheidende Wende dar, indem die Eignung der afrikanischen Politiker, die ihnen anvertraute Entwicklungshilfe korrekt zu verwalten, klar in Frage gestellt wurde: Die Weltbank nannte Geldgeber unverantwortlich, die Afrika beträchtliches Kapital zur Verfügung stellten, ohne dessen Verwendung zu kontrollieren.

Die fehlende Kapital-Akkumulation, die traditionellerweise von Ökonomen der Dritte-Welt-Bewegung als eine Folge der Habsucht der multinationalen Gesellschaften interpretiert wird, erklärt sich vielmehr durch die Unehrlichkeit der geldgierigen afrikanischen politischen Eliten und durch die Unfähigkeit der afrikanischen Bevölkerungen zum Sparen. Im übrigen haben in Afrika dreissig Jahre Entwicklungshilfe die durch die koloniale Ausbeutung erlittenen Verluste vermutlich nahezu ausgeglichen.[18] Es ist daher wenig wahrscheinlich, dass die ausländische Hilfe in naher Zukunft wieder zunimmt. Afrika ist endlich dazu verdammt, allein zurechtzukommen. Soll man das wirklich bedauern?

Parallel zu diesem Wandel hat sich die Einstellung des Abendlandes zu seinen eigenen Industriegesellschaften verändert. Im Gegensatz zu dem, was man ein Jahrhundert früher beobachten konnte, glaubt das Abendland nicht mehr daran, dass die Maschine zwei verschiedene mehr oder weniger gute Gesellschaftsordnungen begründet hat, eine sozialistische und eine kapitalistische; sondern eine einzige Industriegesellschaft, die identische soziale, wirtschaftliche und umweltpolitische Widersprüche mit sich gebracht hat. Das Abendland erkennt vielleicht zum ersten Mal in seiner neueren Geschichte die Übereinstimmung zwischen Ursprung und Ziel seiner hochtechnisierten Gesellschaften und strebt nun danach, sich zusammenzuschliessen, um sich den daraus entstehenden Herausforderungen zu stellen. Gorbatschow drückte dies so aus: „Die Weltwirtschaft ist dabei, ein einziger Organismus zu werden, ausserhalb dessen sich kein Staat normal entwickeln kann, und zwar unabhängig von seiner Staatsform und dem Stand seiner wirtschaftlichen Entwicklung."

Das heisst, dass wir uns mit den Widersprüchen und Grenzen der klassischen Industrialisierung beschäftigen müssen. Denn: „Ihre weitere Expansion führt zu einer Umweltkatastrophe“ und macht „die Suche nach einer grundlegend neuen Art von Fortschritt“ notwendig.[19] Es ist wahrscheinlich, dass das Abendland künftig sein intellektuelles und finanzielles Potential für das Überleben seines Wirtschaftssystems einsetzen wird. Schon erleben wir die Rückkehr eines wirtschaftlichen Rationalismus und das Lob auf die abendländische kartesianische Vernunft, die in der Lage sein wird, die sozio-ökonomischen Widersprüche der hochentwickelten Industriegesellschaft in Schach zu halten. Der wirtschaftliche Liberalismus wird also wohl kaum das Wirtschaftssystem der Zukunft sein, wie man es seit einiger Zeit in Westeuropa behauptet.

3. Afrika und die „Rückkehr des Liberalismus“[20]

Aus Gründen, die mit seiner eigenen historischen Entwicklung zusammenhängen, glaubt das Abendland also, alle möglichen Wirtschaftssysteme ausprobiert zu haben, und behauptet – vor allem in Westeuropa – mit Nachdruck: „Das Wirtschaftssystem der Zukunft wird ein kapitalistisches sein oder gar keins.“ Und Schwarzafrika, stumpf geworden unter einer Schuldenlast, von der es sich nur schwer erholen wird, glaubt seinerseits, an den Festlichkeiten zur Rückkehr des Kapitalismus auf der Weltbühne ebenfalls teilnehmen zu können. Statt sich aber von den spektakulären Umstellungen in einigen Ländern Mitteleuropas blenden zu lassen, die derzeit ihre ersten Millionäre feiern und einen Schnellkurs in Sachen Kapitalismus absolvieren, sollte Afrika sich eher fragen, inwiefern – umweltpolitische Betrachtungen mal beiseite – in seinem Fall der mühsame Weg zu einer hochentwickelten Industriegesellschaft heute überhaupt noch gangbar ist.

Das Verschwinden der politischen Ideologien im eigentlichen Sinne des Wortes bedeutet, dass die Welt sich künftig noch mehr als früher in hochtechnisierte Zivilisationen und traditionelle Zivilisationen aufteilen wird. Afrika sollte sich das hinter die Ohren schreiben und sich davor hüten, im Sieg des Wirtschaftsliberalismus eine ausgemachte Sache zu sehen. Denn wahrscheinlich wird das Abendland – nach einer Zeit des Ansturms aus dem Osten auf die Konsumgesellschaft – eine dauerhafte Lösung für die immer noch vorhandenen Widersprüche seines Wirtschaftssystems suchen. Möglich wäre die Entwicklung in Richtung eines Produktionssystems auf der Basis von Selbstverwaltung, das in der Lage ist, den gefürchteten Augenblick hinauszuzögern, da die Technologie „die Arbeiterschaft als Folge des Fortschritts abschaffen und selbst die Konsum- und Freizeitgesellschaft zum Erliegen bringen wird, weil es keine zahlungsfähigen Verbraucher mehr geben wird. Man wird gezwungen sein, den Arbeitslosen den Mehrwert umsonst auszuteilen, der zur Zeit noch in die Erforschung des Weltraums, in immer ergiebigere Maschinen und in Güter, die der Zerstörung dienen, investiert wird.“

Ich wiederhole, dass beim augenblicklichen Stand der Dinge nichts darauf hinweist, dass der Sieg des Wirtschaftsliberalismus gesichert ist. Das Abendland ist ausserdem dank seiner langen geistigen Tradition der Kritik flexibel genug, um noch rechtzeitig die Weichen neu zu stellen, sollte … usstellen, dass die Rückkehr zum Liberalismus ein Irrtum war. Das Abendland kann es sich also leisten zu glauben, alle möglichen Wirtschaftsformen durchprobiert zu haben. Kann man das aber auch von Afrika sagen, das seit einem halben Jahrhundert über nichts anderes als seinen Abhängigkeitskomplex redet? Sollte Afrika nicht den Umstand, dass seine Volkswirtschaften unter internationale Kontrolle gestellt werden, als Chance begreifen, seine Kreativität unter Beweis zu stellen und neue, eigene Gesellschaftsordnungen zu planen, um aus seiner Misere herauszukommen? Statt den Zusammenbruch der afrikanischen Volkswirtschaften zum Anlass zu nehmen, ihre abgedroschenen Phrasen über die Unfähigkeit der politischen Machthaber aufzuwärmen, sollten die afrikanischen Intellektuellen diese Gelegenheit vielmehr beim Schopf packen, um die Ideologie Afrikas seit der Unabhängigkeit zu überprüfen, und aufhören, die Strukturanpassungsprogramme und die Sparpolitik, die auf ihrem Kontinent in die Praxis umgesetzt werden, als die alleinige Lösung ihrer Probleme anzusehen. Denn dass das Abspecken beim Staat – um nur dieses Beispiel zu nennen – die Rückzahlung von Afrikas Schulden erleichtern kann, ist die eine Sache. Aber das heisst noch lange nicht, dass eine solche Massnahme schliesslich zu einer Wiederankurbelung der Entwicklung führt, stets vorausgesetzt, eine solche habe in Afrika überhaupt schon begonnen.

Solange sich die Afrikaner darauf versteifen, die Umstände, welche die Unterentwicklung verschlimmert haben, mit ihren Ursachen zu verwechseln, wird Afrika keinerlei Chance auf Entwicklung haben. Man kann es nicht genug betonen, dass schon der Begriff Entwicklung bei den Afrikanern einen Komplex auslöst. Der erste Schritt wäre deshalb der Abbau dieser psychischen Blockade. Oder halt warten, bis Afrika, nachdem es dereinst den Misserfolg der strengen Sparpolitik konstatiert haben wird, wieder in seine Haltung des ohnmächtigen Opfers zurückfällt.

Ohne dass sie wissen, was sie tun, versuchen die Medien der afrikanischen Staaten – eigentliche Lautsprecherboxen der lokalen Oligarchien – seit einiger Zeit, die öffentliche Meinung davon zu überzeugen, dass es jetzt nötig sei, ein freies Unternehmertum aufzubauen. Welche Fahrlässigkeit! Nachdem Afrika seine Unfähigkeit bewiesen hat, das Staatswesen zu verwalten, soll es jetzt ohne jegliche Vorbereitung das um einiges schwierigere Unterfangen der Führung von privaten Unternehmen meistern können! Die Bedingungen für den Start in den Kapitalismus wären gegeben? Theoretisch betrachtet, stimmt es zwar, dass es Afrika weder an Führungskräften noch an Infrastrukturen und auch nicht an Kapital mangelt. Aber es wäre gefährlich, wollte man daraus schliessen, dass das freie Unternehmertum mit Erfolg Fuss fassen könnte, denn in Wirklichkeit ist der Unternehmergeist heutzutage in Afrika noch weitgehend unbekannt. Ausserdem ist der Moment schlecht gewählt: In einer Zeit, die von Bankenzusammenbrüchen und Kapitalmangel, von der Abnahme der Auslandshilfe und dem Rückgang der staatlichen Handelstätigkeit – wie er vom Internationalen Währungsfonds zur Ankurbelung der Konjunktur empfohlen wird – gekennzeichnet ist, träumen die Afrikaner vielmehr davon, sich in ihr wohlbehütetes Nest zurückziehen zu können. Nirgends sind Anzeichen für Wagemut, Erfindergeist oder gar Risikobereitschaft zu entdecken.

In den obersten Etagen träumt man wie gewohnt vom schnellen Geld durch den Ankauf von Kinosälen oder durch den lukrativen Verkauf von mit geringen Mitteln erschlossenen Grundstücken der öffentlichen Hand. In den mittleren Etagen wartet man ungeduldig auf die vom Staat versprochene Prämie für diejenigen, die „freiwillig“ aus dem Beamtentum ausscheiden, um einen kleinen Getränkestand an der Strassenecke zu eröffnen. Ganz unten sorgt man sich um den morgigen Tag, wenn man nicht gerade wieder versucht, im informellen Sektor etwas Geld zu verdienen, wo schon fast das ganze Volk sein geringes Auskommen findet.

Aufgrund dieser leider kaum überzeichneten Beschreibung des afrikanischen Versuchs mit dem freien Unternehmertum kann man schon vor Ende des Experiments voraussagen, dass die neunziger Jahr blutig verlaufen werden. Da kaum anzunehmen ist, dass das Aufflammen von Erbitterung und Wut, das man seit ungefähr zehn Jahren überall auf dem afrikanischen Kontinent beobachtet, und die wachsende Verzweiflung einer Jugend ohne Arbeit und ohne Zukunftsperspektiven von allein verschwinden werden, nachdem sich eine Handvoll Reiche den Staatsbesitz erst einmal vollständig angeeignet haben, gibt es nur zwei Möglichkeiten: entweder die Errichtung einer neuen transparenten Wirtschafts- und Sozialordnung oder die Verstärkung der Repression. Ich wette, dass Afrika eher zur zweiten Alternative greifen wird, und sei es aus Gewohnheit.

Die soziologischen und insbesondere die psychologischen Bedingungen für den Erfolg des freien Unternehmertums sind in Afrika noch lange nicht vorhanden. Ob dies je der Fall sein wird, hängt zunächst davon ab, ob Afrika sich auf eine Auseinandersetzung über die afrikanische Mentalität seit Erreichen der Unabhängigkeit sowie über deren Einstellung zur Idee der Entwicklung einlassen will. Afrika muss seine ideologischen und sozialen Entscheidungen überdenken und erkennen, warum der Wirtschaftsliberalismus in diesem Kontinent unweigerlich zu einer Katastrophe führen wird. Statt die Afrikaner dazu anzuhalten, sich durch eine Sparpolitik gegenseitig die Luft abzuschneiden, sollte man zuerst herausfinden, warum in Afrika nach dreissig Jahren Unabhängigkeit Mut, Kreativität und Erfindergeist noch immer Seltenheitswert haben.

Ich möchte diese Bemerkungen über die Rückkehr zum Liberalismus in Afrika mit folgenden prophetischen Worten Fanons abschliessen: „Die europäische Bourgeoisie konnte eine Ideologie entwickeln und dadurch ihre eigene Machtposition verstärken. Dieses Bürgertum war dynamisch, gebildet und weltlich. Seinem Unterfangen der Akkumulation von Kapital war ein voller Erfolg beschieden, und es hat dem Volk zu einem Minimum an Wohlstand verholfen." In den unterentwickelten Ländern gibt es kein „wirkliches Bürgertum, sondern eine gierige, gefrässige, habsüchtige kleine Kaste, die nur ans schnelle Geld denkt (...)." Dieses Bürgertümchen ist unfähig zu grossen Würfen. Es erinnert sich wohl an das, was in den westlichen Lehrbüchern steht, und es wandelt sich auch unmerklich – aber nicht in ein afrikanisches Bürgertum, sondern in die Karikatur des europäischen. „Wenn diese Kaste eines Tages an ihren eigenen Widersprüchen zugrunde gegangen sein wird", so folgert Fanon, „dann wird man erkennen, dass seit der Unabhängigkeit nichts geschehen ist, dass man alles neu beginnen muss, dass man wieder bei Null anfangen muss."[21]

Afrika ist jetzt an einen Punkt gelangt, wo einschneidende Veränderungen unumgänglich sind. Oder es wird in blutigen sozialen Konfrontationen weitervegetieren. Statt sich vom Trugbild der „Rückkehr des Liberalismus" beeindrukken zu lassen, sollte Afrika sich dringender denn je fragen, ob das Ende des Marxismus-Leninismus in Osteuropa gleichzeitig bedeutet, dass die Ansichten N'Krumahs, Cheikh Anta Diops, Fanons und Samir Amins – um nur einige der berühmten Afrikaner zu nennen, die von einer grossen Zukunft für Afrika träumten – ebenfalls überholt sind, nicht durch die Geschichte des Abendlandes, sondern durch die aktuelle Lage Afrikas.

4. Plädoyer für ein Nachdenken über die inneren Ursachen der Unterentwicklung Afrikas

Afrika ist gleichzeitig unterentwickelt und unteranalysiert. Die gängigen Ansichten über die Ursachen seiner Unterentwicklung basieren – wie ich versucht habe zu zeigen – auf einer Art Menschen, die es nie gegeben hat, und auf einer Geschichtsfälschung. Die einfältige Kreatur, die die primitivistischen Anthropologen im Afrikaner sahen, wurde für die kapitalistischen Ökonomen zu einem etwas ungeschickten, an der Schwelle zur Moderne stehenden Wesen und für die Marxisten zum Inbegriff des seit eh und je unterdrückten und beraubten Menschen. Dieses Bild des Unterdrückten und Beraubten hat sich seinerseits durch die Entspannung zwischen Ost und West in Luft aufgelöst.

Seit eine umfangreiche Literatur von Afrikanisten und Schwarzen die Afrikaner von der Anschuldigung des geistigen Rückstandes befreit hat, weiss man, dass die Unterentwicklung ihres Kontinents nicht auf einen angeborenen mythischen Makel des schwarzen Mannes zurückzuführen ist. Auch ist bekannt, dass die These vom an der Schwelle zur Moderne stehenden Menschen, wie sie die liberalen Ökonomen verfechten, kaum einer genauen Analyse standhält. Die Arbeiten von Basil Davidson über die Wirtschaftsgeschichte Afrikas haben bewiesen, dass der Kontinent bei weitem nicht erst seit Erreichen der Unabhängigkeit teilhatte an der Weltwirtschaft. Und was schliesslich den seit Urzeiten Unterdrückten im Weltbild der Marxisten anbelangt, so dient diese Vorstellung wohl eher dazu, die Haltung des imperialistischen Westens zu denunzieren, als die Opfer-Haltung der Afrikaner zu analysieren, ohne die der Kolonialismus nicht möglich gewesen wäre. Babel, der eifrige Vertreter des „Tiers-mondisme“, hat es schliesslich durch eigene Verblendung und endloses Theoretisieren sogar geschafft, den Afrikaner als historisches Monster darzustellen: als eine Art stummer, geknebelter Eunuch ohne jegliche Fähigkeit zum eigenen Handeln, dessen Zustand der Unterjochung sich keineswegs durch seine Mentalität erklären lässt. Nun reden, handeln und entscheiden die Afrikaner aber wie alle anderen Völker auch. Dies sollten die Theoretiker der Unterentwicklung endlich berücksichtigen und die Afrikaner aller sozialen Klassen nach ihren Handlungen beurteilen. Da man aber die Gründe für die bedauernswerte Lage der Afrikaner nicht bei ihnen selbst suchen will, hat man statt dessen fiktive Menschen geschaffen und völlig unzureichende Analysen durchgeführt.

Schon 1955 forderte Césaire, endlich aufzuhören mit der ethnologischen Betrachtungsweise der heutigen afrikanischen Kulturen.[22] Er scheint wenig gehört worden zu sein, denn Ende der achtziger Jahre konnte man immer noch Arbeiten afrikanischer Autoren über die Bantu-Philosophie und über die Lebenskraft der Schwarzen lesen. Mit der Neuorientierung des westlichen Engagements Richtung Osteuropa hat die Diskussion über die Ursachen für die Unterentwicklung Afrikas an Interesse verloren, und die Fronten haben sich gleichzeitig verschärft. Dies heisst indessen nicht, dass die Forschungen darüber ausgeschöpft wären. Im Gegenteil. Afrika sollte den westlichen Rückzug aus diesem Bereich nutzen, um seinen Stillstand endlich aus seiner eigenen Dynamik heraus zu analysieren. Mein Beitrag zu dieser Analyse wird eine Untersuchung über die ideologischen Mechanismen sein, die bewirken, dass Afrika die Entwicklung ablehnt.

Zweiter Teil

Die Verweigerung der Entwicklung

6. Kapitel

Beschreibung einer parasitären Ideologie

„Es wäre unvorsichtig, in der Einfachheit des Werkzeugs ‚primitiver Menschen' deren Unfähigkeit zu sehen, auf vielfältige Weise mit der Natur umgehen zu können. Alles in der ‚primitiven' Kultur bringt vielmehr die Sorge des Menschen zum Ausdruck, die Natur nicht zu zerstören und zu verändern, sondern sie im Gegenteil in ihrer ursprünglichen Fülle wiederherzustellen und völlig in ihr aufzugehen."

Fodé Diawara[1]

„Wir befinden uns genau in der Situation, die Sylvain Bemba in *Tarantelle noire et diable blanc* beschreibt: Junge Schwarze verkaufen ihre Seele dem weissen Teufel Faustino, um auf dem Jahrmarkt den Klettermast erklimmen zu dürfen, an dem Industrieprodukte aufgehängt sind. Keiner kommt je oben an."

Albert Tévoèdjrè[2]

„Habe ich denn auf dieser Welt nichts anderes zu tun, als die Schwarzen des 18. Jahrhunderts zu rächen? Es gibt keinen schwarzen Auftrag; es gibt keine weisse Bürde."

Frantz Fanon[3]

„Die Wissenschaft wird in den herrschenden Schichten der afrikanischen Gesellschaft im allgemeinen noch als etwas der afrikanischen Kultur gänzlich Fremdes betrachtet und nicht, wie es sich gehört, als ein Erbe der gesamten Menschheit und als das Ergebnis historischer Forschungen aller Völker."

Henry Hogbe-Nlend[4]

1. Durchleuchtung einer parasitären Ideologie

Das Phänomen der Ablehnung der Entwicklung ist um so schwerer zu begreifen, als es sich hierbei um eine parasitäre Ideologie handelt, die begierig das Gedankengut anderer aufsaugt. Sie ist also kein in sich geschlossenes Denkmodell, sondern beruft sich auf verbürgte Lehren der humanistischen Moral oder ganz einfach auf Ideen, die gerade en vogue sind: Niedergang des Westens, Recht auf Andersartigkeit, kulturelle Verwurzelung, „Négrisme" etc. Und so entsteht die Ideologie, die die Ablehnung des Fortschritts untermauert: Man nehme ein passendes ideelles Konzept, vergesse die Umstände seiner Entstehung und reichere es willkürlich mit zusätzlichen Bedeutungen an. Diese intellektuelle Prozedur, bei der man auf dem Umweg über falsche Folgerungen von einer Wahrheit zur anderen gelangt, ist bezeichnend für die Schlangenwege, die die Ablehnung der Entwicklung in Afrika geht. Die folgenden Elemente sind fast immer Teil dieser Ideologie: Sklavenhandel, Kolonisierung, die Werte der afrikanischen Kultur, die Werte der afrikanischen Rasse etc.

Ausgehend von diesen Elementen wird die Entwicklung abgelehnt und im allgemeinen mit genetisch-kulturellen Assoziationen begründet. Dies ergibt zum Beispiel folgende Aussagen:

„Ich bin schwarz. Der Schwarze hat den Computer nicht erfunden. Folglich ist der Computer anti-afrikanisch."

„Die Technik entwürdigt das familiäre Leben und die menschlichen Beziehungen. Sogar die Europäer geben das zu. Also muss Afrika die Technik ablehnen."

„Wir sind Opfer der Kolonisierung, also schulden uns die [illegible]päer Schadenersatz."

Man könnte noch mehr Beispiele solcher zweifelhafter Schlussfolgerungen anführen, derer man sich in Afrika bedient, um das logische Denken im Zaum zu halten. Wichtig ist die Erkenntnis, dass die Ablehnung von Entwicklung auf einer fortschrittsfeindlichen Diktatur des Denkens beruht, die sich auf genetische und kulturelle Faktoren beruft und sich nicht darum kümmert, Nachweise für ihre Thesen zu erbringen. Gerade die Plattheit der Slogans dieser Ideologie und ihre Pseudo-Wahrheit führen ihr viele Sympathisanten zu. Da die meisten Afrikaner davon überzeugt sind, dass sie wegen ihrer Hautfarbe und aufgrund der Unkenntnis des weissen Mannes bezüglich ihrer kulturellen Werte kolonisiert wurden, besteht die hauptsächliche Technik der Ablehnung von Entwicklung darin, dass diese beiden Aspekte überbewertet werden und, darauf aufbauend, alles freudig akzeptiert wird, was der eigenen Unwissenheit schmeichelt und ein angeblich gedemütigtes Kollektivbewusstsein rehabilitiert. Es gibt Mythen, die psychologisch gesehen Befriedigung bringen, im tätigen Leben indessen Trägheit und Unbeweglichkeit fördern. Der Rückgriff auf den kulturellen Relativismus zum Beispiel rechtfertigt selbst die schlimmsten, ja selbstmörderischen intellektuellen Konzepte, und er dient dazu, Dinge zu verschleiern, die Afrika nichts als Nachteile bringen. Die Afrikaner müssen wissen, dass sie sich mit der Ablehnung des Fortschritts, unter welchem Vorwand auch immer, „nur selbst bestrafen“. Doch gibt es im zeitgenössischen Afrika noch ein drittes kulturelles Erbe, über das wenig gesprochen wird und das mit all seinem Gewicht auf dem Schicksal dieses Kontinents lastet.

2. Das dritte kulturelle Erbe Afrikas[5]

Eine dualistische, vereinfachte, sehr verbreitete Betrachtungsweise der neueren Kultur Afrikas sieht in ihr vor allem zwei Seiten, die *grosso modo* die Begriffe Tradition und Moderne, Magie und Vernunft etc. enthalten. Demzufolge wäre das heutige Afrika dabei, eine Synthese zwischen seinem vorkolonialen und seinem kolonialen Erbe zu vollziehen: Daraus wäre ein „Afrika im Übergangsstadium" oder im „soziokulturellen Wandel" entstanden. Dieses an sich verlockende Klischee zieht indessen die Auswirkungen des Begriffs der „kulturellen Entfremdung" zu wenig in Betracht, der so häufig von afrikanischen Intellektuellen benutzt wird, wenn sie sich über die eigene und die Identität ihrer Mitbürger auslassen. Die afrikanischen Intellektuellen – oder vielmehr alle, die lesen und schreiben können – sind darauf gedrillt worden, die Tradition und die Moderne als miteinander im Konflikt befindliche Werte zu begreifen, die aus den Afrikanern entwurzelte, entfremdete, zwitterhafte Wesen gemacht hätten, auf der Suche nach ihrem wahren Selbst und den Wurzeln ihrer wahren Kultur. Ich behaupte, dass der Begriff der kulturellen Entfremdung, angewandt auf das heutige Afrika, ein Mythos ist, der verhindern soll, dass neue Ideen in den Köpfen der Afrikaner eine Chance haben.

Afrika ist nicht in Gefahr zu verwestlichen, was immer das heissen soll, und faktisch stehen die Afrikaner in ihrem Alltagsleben auch nicht etwa mit blutendem Herzen vor der grausamen Wahl zwischen zwei Alternativen: sie selbst zu sein oder nicht. Ganz im Gegenteil bestimmen in allen sozialen Schichten Klischees, Vereinfachungen und kaum überprüfte Fakten das Bild der kulturellen Quellen, aus denen die

Afrikaner ihre Identität zu schöpfen glauben. Mit anderen Worten: Der Afrikaner von heute schustert sich seine Identität aus vorfabrizierten Denkmustern zusammen, welche von einer Abgrenzung gegenüber allem anderen und einer masslosen Selbstüberschätzung gekennzeichnet sind. Dieses Kuddelmuddel falsch verstandener Wertbegriffe bildet ein ideologisches Ganzes, das man nicht in moderne oder traditionelle Werte aufteilen kann. „Traditionalismus“[6] und „Kulturalismus“ scheinen die passendsten Begriffe zu sein, um die daraus entstandene Haltung des Widerstands gegenüber jeglichem Wandel zu charakterisieren. Das moderne Afrika scheint sich genau so schwer zu tun, im Anschluss an Sklavenhandel und Kolonisation ein neuzeitliches System zu fordern, wie es sich scheut, die Gesamtheit eines präkolonialen Systems zu übernehmen, dem es immerhin zwei schwere Niederlagen vorwirft. Nur aus dieser doppelten Perspektive heraus lässt sich das Phänomen der Entfremdung verstehen. Streng genommen leiden die Afrikaner nicht unter Entwurzelung, sondern sie haben vielmehr eine Art schlechtes Gewissen gegenüber den traditionellen Werten, die in ihrer historischen Mission schon zweimal versagt haben. Die Beziehung der Afrikaner zu diesem vielzitierten Erbe – dem Sklavenhandel und dem Kolonialismus – ist durch eine Art materialistischen Opportunismus gekennzeichnet, der die geistigen Bemühungen zur Schaffung von Gebrauchsgegenständen zutiefst verachtet, obwohl deren Gebrauch zum Alltag gehört. Man bedient sich des Autos, des fliessenden Wassers, des Stroms, des Telefons, kurzum „dieser bequemen Kleinigkeiten des Westens“, ohne sich die Mühe zu machen zu verstehen, wie dies alles funktioniert und wie es erdacht worden ist.

Es ist bezeichnend, dass die Afrikaner sich ausführlich über Sklavenhandel und Kolonisierung ausgelassen, gleichzeitig aber die für diese Unternehmungen notwendigen technischen und wissenschaftlichen Voraussetzungen systematisch verschwiegen oder verteufelt haben. Deshalb weiss Afrika immer noch so gut wie nichts über die Gründe seiner Kolonisierung. Es ist, als ob Afrika entschlossen wäre, auch weiterhin den Mantel des Schweigens über die wirklichen Gründe seines jahrhundertelangen Abhängigkeitsverhältnisses zu breiten. So hat sich Afrika, indem es seiner Vergangenheit ausgewichen ist, in eine tiefe kulturelle Sackgasse manövriert und weiss nicht, wie es heute wieder daraus herauskommen soll, ohne dreissig Jahre unproduktiver Selbstbeweihräucherung zu verleugnen. Und was haben denn die Afrikaner faktisch dabei gewonnen, wenn sie die besten Tänzer sind oder den besten Zugang zum Übernatürlichen haben, wenn nicht das traurige Privileg, sich selbst völlig vom Gang der realen Welt auszuschliessen?

Die Behauptung, Afrika sei in einer kulturellen Veränderung begriffen, ist ein Mythos. Das gegenwärtige afrikanische Bewusstsein könnte man mit zwei Gefängniszellen vergleichen; die „Sache der Schwarzen" ist in der einen, die „Sache der Weissen" in der andern, und beide sind voneinander durch eine völlig undurchlässige Wand getrennt.[7] Daraus kann nichts Neues entstehen. Auch der Dualismus „Tradition – Moderne" trügt: Er spiegelt eine Bewegung vor hin zu einer Öffnung, die sich um so weniger vollziehen wird, als der afrikanische Geist erstarrt ist und auf sich selber bezogen bleibt, nachdem er die Werte der Moderne verteufelt hat. Dieses Drama ist noch lange nicht an seinem Ende angelangt.

Das Bild Japans, das sich durch Einflüsse von aussen weiterentwickelt, fieberhaft schier aufsaugt, was von aussen kommt und geeignet ist, das Land in den Rang einer Weltmacht zu heben, und das ebensoviel in die Forschung investiert wie die grossen Industriemächte, kann nicht auf Afrika übertragen werden. Afrika hasst Forscher. Und darüber hinaus lässt sich die Öffnung gegenüber der Aussenwelt nicht einfach verordnen. Sie wird durch einen langen Prozess vorbereitet, bei dem die Spreu vom Weizen zu trennen ist. Afrika indessen hat in den dreissig Jahren Unabhängigkeit immer noch keine Bestandesaufnahme der wirklich dynamischen traditionellen Werte seiner Kultur vorgenommen, die nicht nur die Basis für eine solide Entwicklungspolitik bilden, sondern auch dazu beitragen könnten, die schädlichen Einflüsse der ausländischen Machtansprüche zu verringern. Afrika verhält sich immer noch so, als ob alle traditionellen Werte es verdienten, beibehalten zu werden. So ist kein Fortschritt möglich. Afrika wird aus dem kulturellen Loch, in dem es sich seit dreissig Jahren verkriecht, nur zum Preis einer geistigen Revolution herauskommen, die ein für allemal die Schande des Sklavenhandels und der Kolonisation tilgt. Die unfruchtbaren Auseinandersetzungen, die stellvertretend für die Kriege gegen die Kolonialmächte geführt werden und die alle Bereiche des aktuellen afrikanischen Lebens betreffen und eine afrikanische Politik verhindern, müssen endlich verschwinden. Afrika wird sich nur um diesen Preis entwickeln.

Statt dessen haben sich die Afrikaner noch immer nicht mit dem Verlust ihrer grossen Reiche abgefunden und scheinen entschlossen, ihre paradiesische Vergangenheit auf unbestimmte Zeit zu beweinen. Da sie den Begriff des „Prozesses" endgültig aus ihrem Vokabular gestrichen haben, bemühen sie sich seit der Unabhängigkeit, von ihrer Geschichte nur die Epochen des Zusammenbruchs oder des Glanzes zu erfassen; und sie haben sich selbst eingeredet, dass Afrika mit einem Schlag zusammengebrochen ist. Welch ein Irrtum! Die Geschichte ist ein steter Prozess. Der Sklavenhandel, die Kolonisation und die heutige Aussenseiterstellung Afrikas werfen für die Afrikaner in Wirklichkeit eine einzige Frage auf: Worin besteht ihre Erfindungsgabe und weshalb ist sie nach Jahrhunderten der Dynamik erstarrt?[8]

7. Kapitel

Die Sache der Weissen

Das Endogene und das Exogene, das Eigene und das Fremde, das Selbst und das Andere sind so umfassende und so willkürliche Kategorien im traditionellen und modernen afrikanischen Denken, dass man ihnen ganze Bücher widmen könnte.[1] Eine solche Arbeit würde jedoch den Rahmen meiner Überlegungen zu den begrifflichen Mechanismen der Fortschrittsverweigerung in Schwarzafrika sprengen. Daher werde ich mich darauf beschränken, dem „Selbst“ und dem „Anderen“ nachzugehen – so, wie die Begriffe von den Afrikanern im Laufe der Zeit verwendet wurden –, um das Denken zu untersuchen, das zu diesem Gegensatzpaar geführt hat. Es wurde bereits klar, dass der Konflikt „Tradition – Moderne“, der eine der wichtigsten Ausdrucksformen dieses Denkens ist, ohne Absicht zum Widerstand und zur kulturellen Abschottung nicht existieren kann.

Es ist nämlich nicht erwiesen, dass die traditionellen Afrikaner dem aus dem Fortschritt der modernen Wissenschaft hervorgegangenen materiellen Komfort gleichgültig gegenüberstehen. Immerhin ziehen sie fliessendes Wasser dem Brunnenwasser vor; sie bevorzugen Elektrizität gegenüber der Petroleumlampe, den Fackeln aus Harz oder Kuhfladen; schliesslich fahren sie lieber mit dem Fahrrad und dem Auto, als zu Fuss zu gehen oder auf einem Pferd oder Esel zu reiten.

Wenn man nicht die Ansicht der babelistischen Dritte-Welt-Anhänger teilt, wonach die Afrikaner Arbeitstiere sind, die sich stundenlang in der Sonne abrackern können, ohne das leiseste Anzeichen von Erschöpfung zu zeigen, muss man sich sehr wohl fragen, wer in Afrika eigentlich ein Interesse daran hat, den Mythos zu verbreiten, der afrikanische Kontinent befinde sich auf dem gefährlichen Weg einer rasanten Verwestlichung. Und welchen Zweck dieses Interesse verfolgt. Der Afrikaner, der körperlich arbeiten kann, ohne müde zu werden, entspricht genauso exotischen Phantasien wie der faule Neger und der Schwarze, der im natürlichen Überfluss lebt. Die Frage „Braucht Afrika Komfort?" ist eine typische Frage der Achtundsechziger, und sie wird im allgemeinen aus der sicheren Position eines hohen Gehalts heraus gestellt. Hier ist also Misstrauen angesagt. Ich möchte auf die endogenen und die exogenen Einflüsse zurückkommen. Es ist allgemein bekannt, dass alle menschlichen Gesellschaften in verschiedenen Epochen der Geschichte und in allen Breitengraden ein mehr oder weniger komplexes Selbstverständnis entwickelt haben, um sich von den anderen zu unterscheiden. Lévi-Strauss hat darauf hingewiesen, dass sich die Existenz gewisser Traditionen lediglich durch das Bedürfnis der Unterscheidung vom Anderen rechtfertigt.[2] Ausserdem steht fest, dass „der Begriff der Menschheit, der alle Menschen unabhängig von ihrer Rasse oder Kultur umfasst, neueren Datums ist"[3]; dass die erste Regung des Menschen gegenüber einem Fremden alles andere als der Wunsch nach einer Umarmung ist und er eher dazu neigt, alles abzulehnen, was ihm nicht gleicht. Der Wille zur kulturellen Abgrenzung ist also nicht allein auf Afrika beschränkt. Doch seit der Unabhängigkeit scheint die Lust an den kulturellen Eigenarten weit mehr Funktionen erfüllen zu müssen als die notwendige Aufrechterhaltung der Identität. Der Partikularismus ist denn auch ein steter Hemmschuh in der Geschichte der kulturellen Vermischungen in Afrika gewesen. Cheikh Anta Diop, den man nicht gerade des Pointillismus beschuldigen kann, war sich dessen so sehr bewusst, dass er das Interesse seiner Soziologiestudenten auf folgendes Phänomen lenkte: „Infolge der grösseren Ausdehnung der Gesellschaft und ihrer immensen Vielfalt ist die teilnehmende Beobachtung (…) für eine soziologische Untersuchung schwieriger anzuwenden. Dies gilt vor allem für Afrika, wo die kulturellen Eigenarten sogar in den Orten mit hoher kultureller Durchmischung, wie den urbanen Zentren, wichtig bleiben. Die Hauptschwierigkeiten kommen daher, dass diese Völker und Gemeinschaften ohne Schrift durch zahllose Partikularismen voneinander getrennt sind, die sie auch dort aufrechterhalten, wo sie miteinander in Berührung kommen.“[4]

Dieses seit langem in Afrika beobachtete Phänomen hat sich während des Kolonialismus verschärft und nimmt seit dem Erreichen der Unabhängigkeit ein ausserordentliches Ausmass an. Das Jahr des Heils 1960 bezeichnet gleichzeitig den Beginn eines geradezu explosiven kulturellen Taumels, aus dem Afrika noch nicht erwacht ist. Die daraus folgende Überbewertung des eigenen Ichs hat auf bemerkenswerte Art und Weise Memmi analysiert: Der Afrikaner ist ausgeschlossen aus der schillernden Welt der Kolonialherren und wird von diesen unabänderlich als ein Untermensch wahrgenommen; er reagiert darauf, indem er nach und nach, aus verletzter Eitelkeit, ein ganzes System der Selbstwahrnehmung ausarbeitet, das in allen Punkten das Gegenteil des Bildes darstellt, das sich der Kolonialherr vom Kolonisierten macht. Fanon hat auf den verderblichen Charakter dieser geistigen Anstrengung aufmerksam gemacht, und er verneint die Existenz einer Mission der Schwarzen, die der zivilisatorischen Mission des weissen Mannes entspräche. Nun glaubt Afrika aber immer noch an seine humanitäre Aufgabe, die ihm von den weissen Zivilisatoren übertragen worden sei, und die es ebenso gekränkt wie stolz erfüllen will, weil es selbst überzeugt ist, ausser dem Netz enger familiärer Solidarität und warmer menschlicher Beziehungen nichts erfunden zu haben. Eigentlich ist das gar nicht so überraschend. Denn die Antwort auf die Frage, was getan wurde, um die Afrikaner aus der tödlichen Falle ihres Schicksals als Neger zu befreien, fällt wie ein Fallbeil: nichts. Kaum war Afrika der Welt der präkolonialen Schwarzweiss-Malerei entwichen, erlebte es den kolonialen Dualismus, verfing sich dann in der vom „Tiers-mondisme“ postulierten Aufspaltung der Menschen in Imperialisten und Ausgebeutete und verstrickte sich schliesslich in den glücklichen Neoprimitivismus seiner afrikanistischen Freunde. Heute erstickt Afrika beinahe an der aggressiven Widerstands-Ideologie seiner neuen Geschichtsbücher.

So weiss der Rest der Welt, dass der Fortschritt weniger vom eigenen Genius eines Volkes abhängt als von seiner Fähigkeit, von anderen Kulturen zu übernehmen, was ihm weiterhilft. Die Afrikaner tun so, als ob sie das nicht wüssten. Wenn sie den westlichen Wohlstand anprangern, wollen sie nicht sehen, dass dieser mindestens ebenso auf die Ausbeutung der Länder der heutigen Dritten Welt zurückzuführen ist wie auf die Ergebnisse der eigenen wissenschaftlichen Forschung, zumal auch diese wiederum aus Quellen anderer, früherer Kulturen genährt ist, zum Beispiel der arabischen. Europa hat das Pulver nicht erfunden, das doch im Sklavenhandel und in den Kolonialkriegen eine entscheidende Rolle spielen sollte. Die Afrikaner glauben weiterhin, dass die Renaissance ihrer traditionellen Kultur vor der Kolonialzeit die Vorbedingung für ihre Entwicklung sei. Man hat ihnen eingetrichtert, dass Technologien nicht übertragen werden können[5], dass nur die Technologien dieses Namens würdig seien, die aus der Gegend selbst stammen. Dreissig Jahre kulturelle Abschottung verhelfen nicht gerade zu einer besseren Sicht: Während sich der Fordismus[6] auf der ganzen Welt verbreitete, machte sich Afrika auf die Suche nach seiner kulturellen Authentizität und begann wegen einer falschen Definition der Begriffe des „Selbst“ (le soi) und des „Anderen“ (le non-soi) seinen Abstieg in die Hölle der Unterentwicklung.

8. Kapitel

Sklavenhandel und Kolonisation: infantile Betrachtungsweisen

„Nichts in der soziokulturellen Geschichte des Menschen entsteht abrupt. Lange Zeiten der Vorbereitung sind immer notwendig."

Théophile Obenga[1]

Man hat den afrikanischen Intellektuellen oft vorgeworfen, Gegenstand ihrer Gespräche und Überlegungen seien ausschliesslich Sklavenhandel und Kolonisation. Gewiss, es ist natürlich, dass in Afrika ausgiebig über diese schmerzlichen Perioden gesprochen wird, die seine Geschichte entscheidend verändert haben. Ausserdem „leben noch immer zahlreiche Menschen, die die Kolonialzeit mitgemacht haben, unter uns", wie Amadou Mahtar M'Bow[2] hervorhebt. „In der wiedereroberten Unabhängigkeit zeugen sie weiterhin von der Präsenz dieser Vergangenheit."[3] Die Zwangsarbeit zum Beispiel, um nur ein Symbol dieser Epoche zu erwähnen, das im kollektiven Bewusstsein lebendig geblieben ist, wurde erst 1946 abgeschafft. Zur gleichen Zeit wurde das berüchtigte Gefängnis von Cayenne geschlossen. Während für Afrikaner das erstere in lebendiger Erinnerung ist, hört sich für Europäer das letztere an, als sei es im Mittelalter geschehen. Um die Bedeutung der Kolonialzeit im afrikanischen Empfinden tatsächlich zu verstehen, müsste man ihr nicht

Cayenne gegenüberstellen, sondern Auschwitz oder Dachau, ob es Jean Daniel[4] gefällt oder nicht. Das viele Papier oder die Kilometer von Filmmaterial, die die Afrikaner der Kolonisation gewidmet haben, spielen im übrigen keine so grosse Rolle. Sie werden wahrscheinlich nie mit der Anzahl an Veröffentlichungen und Filmen, die der Westen über den Nationalsozialismus oder über den Vietnamkrieg produziert hat, konkurrieren können: Alle Völker beweinen ihre Toten. Aber einige ziehen daraus eine Lehre für die Zukunft und versuchen zu verhindern, dass sich die Geschichte wiederholt; andere dagegen verstehen nichts oder tun so, als ob sie nichts verstünden: Das ist der Unterschied.

1. Verfolgungswahn und Recht auf Isolation

Die afrikanische Sichtweise von Sklavenhandel und Kolonisation ist von bestürzender Einseitigkeit. Man findet darin alle Ingredienzen eines sadistischen Romans, mit dem Vergewaltiger auf der einen Seite, dem Opfer auf der anderen und einer immanenten Gerechtigkeit in der Mitte. Das Szenario hat weder Hand noch Fuss, obwohl es geschickt aufgebaut ist. Die afrikanische Interpretation der europäischen Eroberung und ihrer Folgen liest sich schlicht wie folgt: „Ich sass ruhig zu Hause, als ich einen Mann mit weisser Hautfarbe ankommen sah. Dieser bat mich um Gastfreundschaft und nutzte mein freundliches Wesen aus, um mir wegzunehmen, was ich besass, die Meinen zu töten und mich zu unterwerfen. Folglich erhebe ich Klage und fordere Wiedergutmachung."[5]

Es genügt völlig, an die vielen kleineren und kleinsten Ethnien zu denken, in die sich Afrika aufsplittert, und an das Theoretische seiner „Nationen", um zu erkennen, wie lächerlich diese Forderung ist. Wenngleich Sklavenhandel und Kolonisation unwiderlegbare Tatsachen sind: Muss man sie deswegen auf eine einzige Interpretation reduzieren, noch dazu auf die unergiebigste? Die Afrikaner schrecken vor nichts zurück, um die wirklichen Fragen zu umgehen; sie streiten sogar überflüssigerweise darüber, ob die Kolonisation eine gute oder eine schlechte Sache für Afrika gewesen sei. Darum geht es hier jedoch nicht.

Eine solche Auseinandersetzung könnte höchstens auf der persönlichen Ebene geführt werden, wo die Auffassungen von Gut und Böse in einem gegebenen kulturellen Umfeld durch Bräuche oder Gesetze festgelegt sind. Aber sie kann trotz der Existenz internationaler Gerichte schwerlich auf die Ebene von Ländern und Nationen und erst recht nicht auf die von Kontinenten übertragen werden. Darüber hinaus bietet die Geschichte der Menschheit keinerlei Beispiele von schwachen Nationen, die allein durch Jammern und Klagen Kriegsreparationen erhalten hätten. Afrika muss dieser historischen Wahrheit schnellstens ins Auge sehen: Kriegsentschädigungen an Nationen, die nicht die Macht haben, ihre Rechte durchzusetzen, sind ein Mythos. Afrika muss sich in Erinnerung rufen, dass es der Kraft einer mächtigen europäischen Koalition bedurfte, um das besiegte Deutschland zur Zahlung von Reparationsleistungen zu zwingen; dieses fügte sich, bis das Gespenst des Kommunismus auftauchte und weitere Zahlungen gegenstandslos werden liess. Nach einem Krieg gibt es zwei Möglichkeiten, wie der Besiegte sein Hab und Gut wiedererlangen kann: durch einen weiteren Krieg oder durch eine in der Tat gefährlich erscheinende Drohung. Dies setzt voraus, dass man in der

Lage ist durchzuführen, was man androht, und dass man stark genug ist, dem Dieb die Stirn zu bieten. Überflüssig zu betonen, dass dies für Afrika mit seinen vielen Zwergstaaten gegenüber Europa mit seinen Nationen oder gar gegenüber dem vereinten Europa nicht zutrifft. Die Entwicklungshilfe, die gewissermassen die Reparationszahlungen für die Kolonialverbrechen ersetzt, hätte etwas anderes sein können als ein „Programm der barmherzigen Schwestern" – um den Ausdruck von Fanon[6] aufzunehmen –, wenn die Gründer der „Organisation für Afrikanische Einheit" die tatsächliche Einheit Afrikas gewählt hätten, statt dessen „Balkanisierung" zu besiegeln. Das Drama des heutigen afrikanischen Denkens liegt vor allem in der schwindelerregenden Kluft zwischen seinen Ansprüchen und seinen Handlungsmöglichkeiten.

Die afrikanische Sichtweise des Sklavenhandels und der Kolonisation macht übrigens einige zusätzliche Bemerkungen notwendig. Zunächst gibt es kein Beispiel für ein Volk auf der Erde, das nicht irgendwann einem anderen begegnet wäre. Es ist eine historische Tatsache, dass der Kontakt mit anderen Völkern nach einer mehr oder weniger langen Zeit der Isolation letztendlich immer zustande kommt. Das in der afrikanischen Interpretation des Sklavenhandels und der Kolonisation enthaltene Recht auf Isolation entbehrt folglich jeder Grundlage. Und wenn Afrika angeblich an den Pazifismus glaubt, so aufgrund der historischen Feigheit der Gründer der OAU. Denn der Pazifismus setzt einen Grad an philosophischer Reife voraus, der in der Geschichte der Menschheit selten erreicht wurde. Feindliche Begegnungen zwischen Völkern und Menschen sind eher wahrscheinlich als friedliche Kontaktaufnahmen. Es spricht also wenig dafür, dass die Begegnung zwischen Europa und Afrika einträchtig und brüderlich hätte verlaufen können. Die Geschichte der Menschheit ist die Geschichte einer Abfolge von blutigen Kolonisationen, aus denen der Westen für den Augenblick als Sieger hervorgegangen ist und deren letztes trauriges Beispiel der Zweite Weltkrieg ist. Dazu kommt, dass jede Zivilisation, die eine andere erobern konnte, ihre militärische Stärke benutzt hat, um ihre Macht zu vergrössern. Afrika sollte das wissen, war es doch Schauplatz blutiger Eroberungskriege vor und nach der Ankunft der Europäer. Vom blutigen Krieg Soumangourou Kantés gegen Soundiata Keïta ist nur die Darstellung der Griots, der Sänger der Mandingue, bekannt, denen zufolge „der Tod sich auf dem Schlachtfeld freute"[7]. Stellen wir uns vor, wie die Anhänger Kantés dieses Massaker erzählt hätten. Es ist nicht nötig, viele Beispiele innerafrikanischer Kolonisation anzuführen: Die Expansionsbestrebungen des Dahomey-Reiches, der Toucouleur und der Ngoni[8], um nur diese zu erwähnen, sind nicht erfunden. Das „Afrika-dieser-wundervolle-Kontinent-der-vor-dem-Eindringen-der-Kolonisatoren-eine-völlig-harmonische-Einheit-bildete" ist ein antikolonialistischer Mythos und hat nichts mit der Realität zu tun.

Die Afrikaner müssen also wissen, dass sie mit Sicherheit verlieren werden, wenn sie das Problem ihrer Kolonisation durch den Westen mit moralischen Argumenten angehen. Denn aus dieser Sicht sind alle Kolonisationen gleich. In Afrika wie anderswo sind die grossen Reiche auf der Basis von Plünderung, Massaker und Herrschaft über andere entstanden. Die Gründe für die sogenannte Einzigartigkeit des Sklavenhandels dürfen deshalb nicht in der Moral und der Ästhetik gesucht werden; dies um so weniger, als der Sklavenhandel mit einem innerafrikanischen Sklavenhandel aus vorkolonialer Zeit verknüpft war.[9] Hier drängt sich eine wichtige Bemerkung auf. Wenn ich einerseits eine Parallele ziehe zwischen dem kolonialen Sklavenhandel nach aussen und dem vorkolonialen innerafrikanischen Sklavenhandel – bei letzterem reagiert der Afrikaner sehr empfindlich – und andererseits zwischen innerafrikanischen Kolonisationen und der Kolonisation Afrikas durch Europa, will ich damit nicht sagen, der Mensch sei an sich und überall böse: Diese Behauptung wird allzu oft aufgestellt. Manchmal wird diese Eigenschaft für die Afrikaner sogar verneint, und man macht aus ihnen historische Unschuldslämmer. Der Vergleich wird nur dann interessant, wenn man die kindischen Klischees von den Guten und den Bösen, von den unschuldigen Schwarzen und den barbarischen Weissen endlich beiseite legt. Will man praktische Lehren ziehen aus Sklavenhandel und aus Kolonisation und sie in ihrer historischen Dimension und grausamen Banalität verstehen, muss man die Diskussion endlich ohne Berücksichtigung der Hautfarbe führen.

Oft genug werden die Massaker der afrikanischen Imperialisten zu grossen historischen Ereignissen aufgebauscht, die beweisen sollen, dass Afrika fähig war, mächtige politische Systeme zu schaffen, genauso wie Europa. Die Kolonisation Afrikas durch Europa dagegen wird als bestialisch dargestellt. Sollten einige Menschenleben etwa mehr wert sein als andere?

Vergessen wir nicht, dass die Afrikaner zur Zeit des Aufbaus ihrer Reiche weniger noch als heute das Bewusstsein hatten, zu einem Kontinent oder einer „Rasse" (was auch immer dieses Wort bedeuten mag) zu gehören. Und dass damals die Eroberung eines Territoriums oder eines kleinen Königreichs einer Zwangsbevormundung, ja einer Zerstörung von Völkern gleichkam, die ihre eigenen Gesellschaftsstrukturen und ihre eigene Identität hatten. Man muss das Epos von Chaka[10] nochmals lesen, um sich dessen bewusst zu werden. Der Begriff der „Afrikanität", der ohne Unterschied der Hautfarbe oder der Kultur alle Völker des afrikanischen Kontinents umfasst, ist eigentlich eine neue Erscheinung; er ist jedoch auch alles andere als selbstverständlich. Die Meinungsverschiedenheiten innerhalb der OAU rufen dies nur zu gut in Erinnerung.

So unterscheidet sich die Kolonisation Afrikas durch Europa von den innerafrikanischen Kolonisationen in drei Punkten: durch die Hautfarbe der Eroberer (wenn man die arabischen Eroberungen ausnimmt), durch die Wirksamkeit der für die Unterwerfung gebrauchten Mittel und schliesslich durch die plötzliche Ausdehnung des Begriffs der Nachbarschaft auf Bewohner eines anderen Kontinents. In diesem Drama sollte der militärische Rückstand Afrikas, trotz seiner jahrhundertelangen kriegerischen Erfahrung, eine entscheidende Rolle spielen und sich sogar auf alle Bereiche des afrikanischen Lebens ausdehnen, beginnend mit dem der Psyche. Wenn man sich bewusst wird, dass noch heute alles, was den Schwarzen vom Weissen unterscheidet, angeblich auf die Hautfarbe, die Wissenschaft und die Technologie reduzierbar ist, wird man ermessen, wie dringlich es ist, die

Debatte über die Stagnation Afrikas ohne das Argument der Hautfarbe zu führen und, vor allem, den schwarzen Pazifismus als einen Mythos zu entlarven. Afrika war, was die Technologie betrifft, nicht immer im Hintertreffen. Das ist eine erwiesene Tatsache. Die Arbeiten der Professoren Ki-Zerbo und Cheikh Anta Diop, um nur diese beiden Historiker zu nennen, beweisen dies ausführlich. Die Afrikaner sollten sie zur Kenntnis nehmen. Sie dürfen sich indessen nicht mit der Lektüre der Arbeiten dieser Forscher entschädigen und jedesmal die Verwirrten spielen, wenn es um die technologische Entwicklung geht. Das Unschuldslamm zu spielen ist eine Versuchung, der das gedemütigte Afrika schwerlich widerstehen kann. Wenn man die technologische Dynamik in der Geschichte des afrikanischen Kontinents betrachtet, entbehrt diese Haltung leider jeglicher Grundlage.

2. Geschichtliche Verblendung und Recht auf Untätigkeit

„Afrika will auf seine eigenen Kräfte bauen und findet es demnach normal, dass achtzig Prozent der Mittel zur Ausführung des Aktionsplanes von Lagos aus ausländischer Hilfe stammen."[11]

Die Debatte über die endogenen und die exogenen Ursachen, die zu der angeblichen Demütigung Afrikas geführt haben, ist wesentlich vom Begriff der Zeit bestimmt. Die übliche Einteilung der afrikanischen Geschichte ist in dieser Hinsicht aufschlussreich: Sie gliedert sich stets in drei unterschiedliche Epochen (mit einem positiven oder negativen Vorzeichen versehen), zwischen denen anscheinend keine Verbindung bestanden hat. Auf einen vorkolonialen, paradiesischen Zeitraum (von dem man nicht weiss, ob er bis zu den grossen Eiszeiten zurückreicht) folgt die Epoche der Kolonisation, die wie ein Bruch, eine tote Zeit – oder eine Zeit der Toten – wahrgenommen wird, ein der wirklichen Geschichte Afrikas völlig fremder Einschub. Darauf folgt die äusserst zweideutige Epoche der Unabhängigkeit, die gleichzeitig als eine Zeit der wiedergewonnenen Freiheit und als eine Zeit der Verblendung[12], ja der Verdammnis gilt. Wenn man indessen daran denkt, dass die Kolonialzeit bereits im 14. Jahrhundert begonnen hat, wird man ohne Zweifel der Gefahr inne, die aus dem Versuch erwächst, sechs Jahrhunderte Geschichte um jeden Preis ausmerzen zu wollen; selbst wenn die frühe Kolonisation auf Handelskontore und kleine Forts an der Küste beschränkt war, wie heute der „kulturellen Authentizität" zuliebe gerne behauptet wird.

Dass die Kolonisation Afrika um ein Schicksal betrogen habe, das ihm ohne diese exogene Intervention bestimmt gewesen wäre, ist ein immer wiederkehrender Topos in der afrikanischen Gedankenwelt. Eine solche Geschichtsinterpretation bleibt natürlich nicht ohne Folgen, vor allem in bezug auf die Haltung der Afrikaner gegenüber der Entwicklung. Sie erklärt, weshalb Schwarzafrika die Entwicklung seines Kontinents nicht als seine eigene Aufgabe betrachtet, sondern als die der Kolonialmächte. Durch diese Geschichtsinterpretation erhält auch der Begriff der Entwicklungshilfe eine gefährliche Dimension, indem er sich des demütigenden Beigeschmacks, der eigentlich mit ihm verbunden sein sollte, völlig entledigt. Es ist allgemein bekannt, dass der ewige Rückgriff auf die ausländischen Kreditgeber in Afrika nicht als Schande empfunden wird. Weniger bekannt ist der Grund dafür, der Umstand nämlich, dass sich der Afrikaner für die Gegenwart gar nicht zuständig fühlt. Anders ausgedrückt: Was heute geschieht, sind für ihn lauter Folgen der Kolonialzeit. Und von da bis zu der Meinung, man sei von den mit der Gegenwart verbundenen Verpflichtungen befreit, ist es nur ein kleiner Schritt, den Schwarzafrika sehr schnell vollzogen hat. Der gedemütigte Afrikaner ist also weder von hier noch von jetzt. Die durch das europäische Eindringen aufgestellten Spielregeln sind nicht die seinen, ganz im Gegenteil: Die Karten – so scheint es ihm – waren von Anfang an gezinkt, und jegliche positive Handlungsmöglichkeit war verboten. Unter diesen Umständen werden Trägheit und Unbeweglichkeit alles in allem als die beste Art und Weise betrachtet, die „fremde" Epoche zu überdauern, bis die gesegnete Stunde anbricht, da Afrika noch einmal in die Zeit vor der Ankunft der Europäer versetzt wird und in eine wirklich afrikanische Zukunft aufbrechen kann. Das bewusste oder unbewusste Denken der Afrikaner lässt sich in der Schlussfolgerung zusammenfassen: „Sie werden uns nicht zweimal hereinlegen! Der Westen drängt uns zu einer schnellen Entwicklung, um uns so rasch wie möglich wieder auszuplündern. Wir werden nicht in diese Falle gehen! Und das geschieht ihnen recht." Statt von der Phase der Entkolonialisierung zu profitieren, um Neues zu erproben, wiederholen die Afrikaner bis zum Überdruss, dass sie gar nicht von dieser Zeit seien, und kommen sich erst noch originell vor dabei. Die Unterentwicklung ist also vor allem Ausdruck einer Verblendung, die wiederum von einer kaum verarbeiteten Demütigung herrührt. Es ist gefährlich, in dieses in Afrika sehr verbreitete Denken einzustimmen. Denn wer so denkt, neigt dazu, die ungewöhnlich schlechten Leistungen der Afrikaner zu entschuldigen unter dem Vorwand, dass die „Zeit“ in Afrika und überhaupt „in Jahrhunderten und nicht in Jahrzehnten bemessen werden sollte“.

Die Entwicklung ist kein Wettrennen gegen den Westen, sondern gegen die wachsenden und vielfältigen Übel Afrikas. Entwicklung müsste folglich nach eigenen Kriterien und nach den neuesten Bedürfnissen definiert werden. Das Erstaunliche ist nicht, dass Afrika noch keine Raumschiffe oder Raketen entwickelt hat, sondern dass kein afrikanisches Land nach dreissig Jahren Unabhängigkeit die Bedingungen geschaffen hat, um sich aus eigener Kraft aus dem Elend herausarbeiten zu können. Gerade als die westliche Wissenschaft sich auf der gesamten Welt verbreitete und durch ihre Dynamik zahlreiche fremde Kulturen bereicherte, hat man sich bemüht, den Afrikanern beizubringen, dass die westliche Kultur verdorben und auf dem Abstieg sei.[13] Die Afrikaner, die ihren Rückstand als einen stummen Vorwurf des Zurückgebliebenseins gegenüber dem Westen begreifen und sich hinter ihren kulturellen Werten verschanzen, sollten erkennen, dass sie sich damit nur selber eine Falle stellen. Sie sollten aufhören, vom Westen weitere Entwicklungshilfe zu fordern, da die Hilfsprojekte – gerade weil sie die traditionellen Werte respektieren wollen – lediglich dazu beitragen, dass Fatalismus und Armut fortbestehen. Fortschritt ist eine Sache. Den Westen einholen oder ihn nicht einholen ist eine andere. Eine einfache Beobachtung kann diesen Gedanken veranschaulichen. Als Savorgnan de Brazza im Kongo ankam, stellte er fest, dass die dortigen Häuptlinge versessen auf alte Uniformen waren, und er dachte an das Vermögen, das europäische Trödler in Afrika erzielen könnten.[14] Hundert Jahre später verbraucht Afrika tonnenweise Altkleider und hat dabei nichts zur Modernisierung seiner traditionellen Webtechniken unternommen, denen es doch eigentliche Meisterwerke verdankt. So weit ist es mit der Unterentwicklung in Afrika schon gekommen. Sie beginnt bei der Unterentwicklung der Fähigkeit, das eigene Ich und die Aussenwelt wahrzunehmen, und bei der seit Jahrhunderten unflexiblen Mentalität der Afrikaner. Sie setzt sich fort in der bedingungslosen Rückkehr der gebildeten Afrikaner zu den traditionellen Werten.

Das abgegriffene Bild vom afrikanischen Opfer und dem schuldigen Westen wirft praktische Probleme auf und beinhaltet gefährliche Ideen für die Zukunft Afrikas. Zunächst: Verfahren von der Art der Nürnberger Prozesse haben in der Geschichte der Menschheit nur selten stattgefunden. Sie zeigen zudem die grauenhafte Nutzlosigkeit der gegen Kriegsverbrecher angestrengten Prozesse insoweit, als die Toten – wie Elie Wiesel anlässlich des Prozesses gegen Barbie gesagt hat – nicht wieder zurückkehren, auch wenn man die Verbrecher zum Tode verurteilt. In bezug auf die Lage der Schwarzen in Südafrika hat der Schriftsteller André Brink aus ähnlichen Überlegungen heraus gesagt, dass es leider nicht der Schmerz ist, der zum Recht verhilft. Der Schmerz gibt aber leidgeprüften Völkern die Möglichkeit, Massnahmen zu treffen, damit sich die Geschichte nicht wiederholt. Afrika indessen – weit davon entfernt, Lehren zu ziehen aus Sklavenhandel und Kolonisation – zog aus, den Westen zu zwingen, die Schuld seiner Verbrechen zu begleichen, und findet sich nun als Schuldner des Diebs wieder. Und das, ohne ein anderes Druckmittel in der Hand zu haben als anklagende Worte.

Über die Schuld des Westens ist in Afrika schon unendlich viel geschrieben worden: Sklaverei, Kolonisation, Neokolonisation, Imperialismus etc. sind lediglich verschiedene Punkte ein und derselben Anklage gegen die Barbarei des weissen Mannes. In diesem Streit erscheint die Vorstellung, wonach Afrika teilweise selbst verantwortlich ist für seine Geschichte, ziemlich spät in der afrikanischen politischen Literatur. Der Streit hätte fruchtbar sein können, wenn er nicht zu oft Teil eines Kleinkrieges gewesen wäre, den eine intellektuelle Elite gegen die Politiker führt. Diese Elite ist eher darauf bedacht, sich von den Bokassas, Does, Idi Amins, Kérékous, Bongos, Mobutus etc. zu distanzieren, als sich einzugestehen, wie sehr sie selbst an der Machterhaltung solcher Männer beteiligt ist.

Statt unaufhörlich mit der durch Abstammung und Kultur bedingten Entfremdung zu argumentieren, die lediglich dazu dient, die Macht der Autokraten in Afrika zu stärken, sollten sich die afrikanischen Intellektuellen eher fragen, ob die Überzeugung der weissen Kolonialisten von der Unterlegenheit der Schwarzen irgendeine Bedeutung gehabt hätte, wenn diese die Kolonialkriege gewonnen hätten. Was hat denn die Hautfarbe letztlich in einem solchen Machtkampf zu bedeuten? Weshalb haben es die Asiaten, die als „Schlitzäugige" und „gelbe Teufel" von den Weissen ebenfalls verachtet wurden, dennoch geschafft, die Herausforderung anzunehmen? Die Antwort ist einfach: Jedes Volk ist für seine gesamte Geschichte selbst verantwortlich. Ein Gedanke, den man in Afrika nicht genug wiederholen kann, wo man dazu neigt anzunehmen, die Interessen eines Volkes könnten von Ausländern vertreten werden. Das ist historischer Unsinn. Afrika muss verstehen, dass es viel zu verlieren hat, wenn es die Gründe für seine Rückständigkeit, und sei es nur aus Stolz[15], auf andere abwälzt oder in abstrakten Formulierungen verschleiert. Je mehr Afrika nun aber in der erniedrigenden Bettelei versinkt, um so mehr klagt es die Entwicklungshilfe als ein machiavellistisches Manöver und als einen klammheimlichen Versuch der Re-Kolonisierung an.

Man wundert sich sogar, dass die Hilfe abnimmt und die Afrikaner eher zu erdrücken scheint, als dass sie zu ihrer Entwicklung beiträgt. Ist das nicht paradox? Müssen wir uns nicht vielmehr die Frage stellen, was denn den mächtigen Westen mit Ausnahme moralischer Argumente zwingen könnte, Kolonialschulden zu begleichen und das Interesse Afrikas vor die eigenen Interessen zu stellen? Sagt dieses Denken nicht eher etwas über die politischen Umgangsformen Afrikas aus als über den Umgang des Westens mit der Macht? Die afrikanischen Intellektuellen wissen das. Weshalb tun sie dann so, als seien sie erstaunt und als nähmen sie Anstoss an der Haltung des Westens, der seit Jahrhunderten auf Eroberung aus und jetzt im Begriff ist, die erste weltumspannende Kultur in der Geschichte der Menschheit zu schaffen?

Statt bei jeder drohenden Kürzung von Finanzhilfe Überraschung zu mimen, sollten die Afrikaner endlich einsehen und sich selbst überzeugen, dass man die Gestaltung eines Kontinents nicht mit dem Ausland teilt. Afrika ist genau so für seine Geschichte verantwortlich, wie die Opfer der verschiedenen Eroberungen dazu verdammt sind, für deren Schaden aufzukommen. Weshalb sollte Afrika eine Ausnahme dieser historischen Regel sein? Der schwarze Kontinent leidet, bis zum Beweis des Gegenteils, unter keinerlei Makel seiner Herkunft, der ihn von seiner historischen Verantwortung befreien könnte. Weshalb also die Forderung nach bevorzugter Behandlung? Und à propos Reparationsleistungen für Kolonialverbrechen: Ist die grösste Überraschung nicht die, dass der ehemalige Kolonialherr tatsächlich manchmal gezahlt hat? Ohne die hier und da entwickelten Bemühungen, internationale Beziehungen unter einem moralischen Aspekt zu betrachten, hätte das Afrika der fünfzig Staaten nicht einen Tag lang überlebt. Jeder weiss das. Die Neopanafrikanisten haben durchaus recht, wenn sie auf das Paradoxon Afrikas hinweisen, das vor Reichtum und Arbeitskräften strotzt, das nicht ohne Grips ist und das dennoch vor Hunger stirbt. Dieses Paradoxon illustriert genau, was ich unter der Verweigerung der Entwicklung verstehe. Auch die Berichte der Experten beweisen es: Afrika ist arm, weil Afrika es hartnäckig ablehnt, bei anderen Kulturen Anleihen zu tätigen und weil es an das Märchen glaubt, die Welt und mit ihr Afrika befinde sich lediglich auf einem historischen, wissenschaftlichen und technologischen Irr- und Umweg. Der Afrikaner, der von seiner Geburt an dazu programmiert wäre, die Natur zu respektieren, ist ein Scherz. Wie will man sonst erklären, dass die Sahara mit all ihren Schrecknissen durch die Schuld des Menschen entstanden ist? Die Rolle Afrikas bei der Entwicklung und Verbreitung der Faustkeile, seine Weberei, seine Korb- und Tonwaren und seine Felsenmalereien passen nicht zu einem Verstand ohne wissenschaftliche Neugier, auch die Ruinen von Zimbabwe und die Bronzefiguren von Benin zeugen von wissenschaftlichem Forschergeist. Um die Bronzefiguren von Benin und alle ihre Kunstobjekte herzustellen, mussten die Afrikaner der Natur einiges an Geheimnissen entreissen.

Der „edle Wilde“ Afrikas ist eine Schimäre, es sei denn, man glaubt, die Kunstobjekte Afrikas, die heute die Museen der Welt füllen, seien einzig und allein Produkte der magischen oder religiösen Fähigkeiten unserer Vorfahren. Zum Glück wird der Mythos von den Schwarzen, die sich nicht mit Wissenschaft beschäftigen dürfen, zwangsläufig Schiffbruch erleiden – mangels Grundlage. Die Tatsache, dass seit kurzem die ökologischen Probleme der Industrialisierung nicht mehr nur im kleinen Kreis der Grünen diskutiert, sondern von multinationalen Unternehmen und internationalen Organisationen weltweit aufgegriffen werden, lässt die Hoffnung zu, dass der Westen seinen Optimismus hinsichtlich seiner hoch entwickelten technologischen Kultur wiederfindet. Was wiederum den Mythos vom „edlen Wilden“ zum Verschwinden brächte, der immer dann auftaucht, wenn der Westen Selbstzweifel hegt.

Die Afrika seit einigen Jahren auferlegte Sparpolitik hat das Funktionieren der sozialen Bereiche derart eingeschränkt, dass sie möglicherweise das Auflodern aufrührerischer Proteste begünstigt, die ihrerseits eine aus der Not entstandene Renaissance der Kreativität nach sich ziehen könnte. Afrika kann nur gewinnen, wenn es das Bild, das es von sich und der Aussenwelt hat, erweitert, bevor die Mythen der letzten dreissig Jahre in blutigen Sozialrevolutionen untergehen.

Der kulturelle Rausch macht niemanden mehr trunken. Die Frage ist, welchen Preis das ernüchterte Afrika zahlen muss, um nach dreissig Jahren freiwilligen Winterschlafs wieder in die Geschichte der menschlichen Entwicklung einzusteigen.

9. Kapitel

Das Recht auf Andersartigkeit

„Diejenigen, die man heute ‚die schwarzen Intellektuellen‘ nennt, können infolge ihrer Ausrichtung auf den Westen ihre Herkunft nicht anders sehen als durch die westliche Brille. Nach meiner Ansicht indessen – und ich habe das wieder und wieder betont – lässt die vollkommene Vollendung der ‚primitiven Gesellschaft‘ sowohl eine lange historische Vergangenheit als auch ein hohes menschliches Können erkennen.“

Fodé Diawara[1]

„Liegt heute den Theorien, die die Werte der afrikanischen Kultur verherrlichen, nicht die Idee zugrunde, wonach diese Werte mit dem Wesen der Schwarzen gleichzusetzen sind?“

Babacar Kanté[2]

„Warum haben Sie sie eigentlich festnehmen lassen?“ „Wie ich bereits gestern sagte, haben wir ein Recht auf Andersartigkeit. Dieses Recht bedeutet, dass die Verfassung von Zaire nicht mit der französischen Verfassung vergleichbar ist. Einer Ihrer Denker hat einmal gesagt: ‚Die Wahrheit liegt diesseits der Pyrenäen, der Irrtum jenseits.‘“

Mobutu[3]

„(...) Ich verteidige systematisch unsere alte Zivilisation (...) Und eben, wird man mir erwidern, das eigentliche Problem besteht darin, dass wir wieder auf sie zurückkommen. Nein, ich wiederhole es (...): Wir wollen nicht eine tote Gesellschaft zu neuem Leben erwecken (...), wir müssen eine ganz neue Gesellschaft schaffen (...), reich an moderner Leistungskraft, glühend in der althergebrachten Brüderlichkeit.“

Aimé Césaire[4]

Der Preis der Eigenständigkeit
Aimé Césaire, einem der Begründer der „Négritude", war es trotz seiner Bemühungen um die Rehabilitierung der Schwarzen ein Bedürfnis, vor den Gefahren des Kultes um den Partikularismus zu warnen. Wahrscheinlich hatte er geahnt, dass das „Recht auf Andersartigkeit" dem postkolonialen Afrika die Möglichkeit bieten würde, seine Fortschrittsverweigerung vor sich selbst und vor den Augen der Welt zu vertuschen. Denn dieses Recht, das auf einer im Grund verständlichen Forderung gründet, ist zum Vorwand für ein höchst zweifelhaftes Konzept von Afrikanisierung geworden, das von einer ungewöhnlich ungebildeten und phantasielosen afrikanischen Elite bei jeder Gelegenheit ins Feld geführt wird. So dient das Recht auf Andersartigkeit – an sich schon ein verschwommener Begriff – in Afrika dazu, rückständige Verhaltensweisen und der Freiheit und der Würde der Afrikaner höchst abträgliche Unternehmungen zu rechtfertigen. Das Recht auf Andersartigkeit drückt sich durch die herablassende Entschlossenheit der Afrikaner aus, nur sie selbst und nichts anderes sein zu wollen und es auch nicht seltsam zu finden, wenn der grösste Erfolg dieser Selbstrehabilitierung sich darauf beschränkt, neue Ideen zu verteufeln, die Bettelei zum Prinzip der Entwicklung zu erheben und allfällige Störenfriede zu beseitigen. Das Resultat ist ein skrupelloses, schamloses und träges Afrika – und eines, das auch noch stolz darauf ist, so zu sein.

Die Inkonsequenz der afrikanischen Vorstellung vom Recht auf Andersartigkeit wird erst aus dem Zusammenhang zwischen der jämmerlichen Lage Afrikas in der Welt und den verheerenden Folgen der Afrikanisierungspolitik heraus verständlich. Die erste grosse Welle von im Ausland ausgebildeten afrikanischen Führungskräften strömt nämlich auf den krisengeschüttelten Arbeitsmarkt zurück: Kader, die nach Art der Achtundzechziger überzeugt sind, dass Maschinen etwas Teuflisches seien, und die es für ihre Mission halten, „zu ihrem Volk zurückzukehren und sich hier die Sporen der Authentizität abzuverdienen".[5] Hat diese Welle der Rückkehrer die Entwicklung Afrikas etwa nicht beeinflusst? Konnte man von 1970 bis 1980 nicht einen wirtschaftlichen Rückgang erleben, der durch diesen Rückzug auf sich selbst und auf die nie wirklich definierten Werte des traditionellen Afrika ausgelöst wurde? Ist es denn ein Zufall, wenn sich die Lage Afrikas während des zweiten Jahrzehnts seit Erreichen der Unabhängigkeit besonders verschlechtert? Mit der Ölkrise lässt sich nicht alles erklären. Im übrigen ist bekannt, dass Afrika während der Ölkrise von den erdölexportierenden arabischen Ländern beträchtliche Hilfe erhielt. Ebenso bekannt ist, dass diese Gelder nicht für den Ausgleich der gestiegenen Erdölkosten genutzt, sondern für andere Zwecke verwendet wurden. Wer den Zusammenbruch Afrikas verstehen will, muss den passiven Widerstand der auf Afrikanisierung ausgerichteten Generation von Führungskräften miteinbeziehen, die an eine Rückkehr zu den althergebrachten Werten glaubten, ohne sich zu fragen, wohin das den Kontinent führen würde. Das Recht auf Andersartigkeit ist eine philosophische Illusion, die aus dem Dogma der relativistischen Schule hervorging, und die nach 1945 in ein und demselben Atemzug die Gleichwertigkeit der Rassen, der Kulturen sowie des traditionellen und modernen Know-hows proklamierte. Zur Zufriedenheit der

Anhänger der „Négritude“ vertuschte der kulturelle Relativismus das Grundproblem der technologischen Kluft zwischen Afrika und dem Rest der Welt mit einem egalitären Taschenspielertrick, der einer Überprüfung der Fakten nur schwerlich standhält. Die Täuschung bestand aus zwei Komponenten: zum einen in der Verteufelung der Maschine, allerdings nur in Afrika, nicht etwa im Westen, zum anderen in einer kleinen Aufwertung des „primitiven Menschen“, indem man ihn mit mystischen Fähigkeiten ausstattete, die in seinem angeblich angeborenen Verhältnis zum Übernatürlichen wurzeln. Die solcherart zum Dogma erhobene Unterentwicklung ist das schlimmste Trostpflaster für das entkolonisierte Afrika.

Die Afrikaner haben nicht nur bei dem Spiel des „in-seinem-natürlichen-Urwald-glücklich-lebenden-Neoprimitiven“ mitgemacht, sondern sie haben auch ihr Spiel mit der Entwicklung getrieben, indem sie sich auf den falschen Standpunkt stellten, alle Kulturen seien gleich. Welch ein Irrtum! Natürlich gibt es weder bessere noch schlechtere Menschen – allein die Frage ist absurd –, aber es gibt sehr wohl Kulturen, die besser geeignet sind, sich in der harten Realität zu behaupten als andere. Betrachtet man die Beziehungen zwischen den politischen und intellektuellen Eliten Afrikas und den Massen seit Erreichen der Unabhängigkeit unter diesem Gesichtspunkt, stellt man eine kulturelle Feigheit der Eliten fest, eine Faulheit, eine Kraftlosigkeit. Seit dreissig Jahren wird alles, auch die unmöglichsten Dinge, unter dem Vorwand der Rückbesinnung auf sich selbst verklärt. Wenn man weiss, dass diese angebliche Identitätsfindung lediglich ein aus den dreissiger Jahren stammender, gegen den Westen gerichteter Reflex ist, dann lässt sich das Ausmass der Schäden erahnen. So ist der Afrikaner einzig und allein aufgrund seiner Erniedrigung durch den Kolonialismus zum scheinbar schönsten, stärksten, intelligentesten, religiösesten und geistreichsten Menschen der Welt geworden. Geschmeichelt applaudiert das gedemütigte Afrika und geht noch weiter: Es glaubt, seine Überlegenheit basiere gerade auf der rudimentären Art seiner Technologie. Dieses selbstzufriedene Afrika muss endlich einsehen, dass das Prinzip der Gleichwertigkeit von Kulturen – unbestreitbar im Bereich der Ästhetik, der Sitten und Gebräuche – sich nicht automatisch auch auf die Wirtschaft und das Militärwesen bezieht, und dass Wirtschaft und Verteidigung genauso kulturelle Produkte sind wie zum Beispiel ausgeklügelte Verwandtschaftsverhältnisse, Tanz und Masken. Gerade der Sklavenhandel und die Kolonisation lehren uns, dass ein Wurfspiess nicht mit einer Muskete, ein Speer nicht mit einem Geschütz verglichen werden kann. Die Afrikaner ahnen es wohl. Aber sie haben Césaire und Cheikh Anta Diop nur flüchtig gelesen und sind deshalb – durch einfache Umkehrung des kolonialen Mythos von den blutrünstigen Negerkönigen – davon überzeugt, dass ihre Vorfahren Pazifisten waren.

In einer waffenstarrenden Welt[6], die durch kaum verhüllte Kräfteverhältnisse bestimmt wird, will sich Afrika mit dem Recht auf Andersartigkeit, einem Erbe der Kolonialzeit, Gehör verschaffen im Konzert der Nationen, und es glaubt, mit Hilfe des internationalen Rechts Druck auf die Industriemächte ausüben zu können. Afrika macht sich ernsthafte Hoffnungen auf eine neue Weltwirtschaftsordnung, die mit der weltweiten Ausbreitung des Fordismus von 1945 an jedoch schon ohne das Zutun Afrikas errichtet worden ist. Alles weist indessen darauf hin, dass der Westen seine Vorrechte im internationalen Handel, die er durch Kreativität und Raub erworben hat, nicht freiwillig aufgeben wird. Ob der Westen „im Recht“ ist oder nicht, er verfügt über das Privileg, die Spielregeln festsetzen zu können. Folglich müssten sich diejenigen, die den Partikularismus in Afrika predigen, die Frage stellen, ob sich die internationale Moral durchsetzen wird; ob aus dem theoretischen Recht jedes einzelnen auf ein menschenwürdiges Leben – ohne Unterschied der Rasse, der Kultur oder des technologischen und wirtschaftlichen Entwicklungsstandes – automatisch ein praktisches Recht wird. Die politische und intellektuelle Klasse Afrikas hat diesbezüglich eine etwas andere Meinung: Sie denkt im allgemeinen, man müsse den Westen nur beleidigen und anklagen, dies würde schon abschreckend wirken. Anschliessend müsse man sich nur an den Verhandlungstisch setzen, und alles werde sich geben, vorausgesetzt, man rede ein deutliches Wort. Unnötig, darauf hinzuweisen, dass diese seltsame Auffassung auf Hirngespinsten beruht.

So werden die Afrikaner vielleicht endlich und zu ihrem Nachteil begreifen müssen, dass das Recht auf die Stammesordnung – der Tribalismus, der bei der Unabhängigkeit zum Entwicklungskonzept erhoben wurde – kein Zeichen verfeinerter Sitten ist, sondern das Produkt einer historischen Feigheit: kurzfristig für einige wenige befriedigend, langfristig aber für alle tödlich. Die Kräfte des nationalistischen Afrika sind zum Glück erschöpft. Unter dem Druck einer möglicherweise in seiner Geschichte beispiellosen

Wirtschaftskrise wird Afrika in naher Zukunft wahrscheinlich gezwungen sein, seine Mythen zu überdenken. Angesichts einer westlichen Welt, die sich von ihrem „schlechten Gewissen gegenüber den unterentwickelten Menschen“ befreit hat, wird Afrika vielleicht einsehen, dass das Recht auf die ureigene Identität der Preis für eine lange und geduldige Anstrengung ist, die darin besteht, das kulturelle Erbe durch eine geschickte Integration neuer Faktoren immer wieder neu zu beleben. Heutzutage haben die Afrikaner eine Auffassung von Kultur, die auf deren Unwandelbarkeit beruht. Deshalb ist die afrikanische Kultur dreissig Jahre nach ihrer angeblichen Rehabilitierung so versteinert. Es droht also ein böses Erwachen, wenn sich die Afrikaner weiterhin an der Kraft der Helden des Widerstands und an ihren mittelalterlichen Reichen berauschen.

10. Kapitel

„Neo-Négrisme" und fortdauernde Unterentwicklung

„Die Afrikaner müssten eigentlich einen Überlegenheitskomplex haben."
Léopold S. Senghor[1]

Für Afrika oder gegen den Westen?

Etliche haben geschrieben, ohne sich die Mühe einer Überprüfung ihrer Behauptung zu machen, dass die „Négritude" eine tote oder im Sterben begriffene Philosophie sei; dass dieses Konzept zu elitär sei, als dass es die Massen hätte erreichen können. Soweit ist es allerdings noch lange nicht mit der „Négritude". Mohamadou Kane bemerkte 1970 in einem Vortrag über die afrikanischen Schriftsteller: „Die jungen Dichter ahmen fleissig und mehr schlecht als recht Césaire und Senghor nach. Sie haben es noch nicht geschafft, sich von ihren grossen Vorbildern zu befreien und eigene Wege zu gehen."[2]

Wenn diese Feststellung, die nach zehn Jahren Unabhängigkeit alles in allem normal war und nicht überraschen konnte, so wirkt es doch beunruhigend, wenn man bemerkt, dass die Dinge sich bis heute nicht verändert haben. Jedermann kann sich im folgenden selbst ein Urteil bilden:

„Lasst uns so sein, wie wir sind; wir sind schwarz, Gott ist schwarz, schwarz ist unser Afrika (...) unsere Trommeln werden nicht verstummen. Unsere Vulkane und unsere Sonne werden nicht erlöschen.“ (1979)[3]

„Das Wesen des Schwarzen richtet sich nicht nach der Zeit; der Schwarze nimmt sich Zeit zu leben; er hat es nicht eilig.“ (1984)[4]

„Ich erinnere mich an dich, wie du jeden Abend den glatten Stössel erklingen liessest und bei Mondschein die grobe Hirse zerstampftest. Mutter! Ich erinnere mich, oh afrikanische Frau! Sklavenarbeit (...)“ (1988).

Die „Négritude“ ist also nicht tot, weit gefehlt. Die Überzeugungen Césaires, der sich stets gegen den Partikularismus gewandt hat, wurden über Bord geworfen, die „Négritude“ auf zwei bis drei narzisstische Grundgedanken reduziert und solchermassen mit dem Ziel kultureller Rehabilitierung in die Lehrpläne der Schulen eingeführt, wo sie sich wie ein Lauffeuer verbreitet hat. Natürlich bedarf es keinerlei Anstrengung, eine Theorie zu verbreiten, die einer bestimmten Rasse zwingend eine Reihe von Verhaltensmustern zuschreibt, auf die die Angehörigen dieser Rasse stolz sein können. Dies ist das grundsätzliche Kennzeichen traditioneller Denkarten. Claude Lévi-Strauss behauptet sogar, die Gleichung Rasse = Kultur sei die gewöhnlichste menschliche Reaktion, die es gebe. Er schreibt: „Die Erbsünde der Anthropologie besteht im Irrtum, den rein biologischen Begriff der Rasse“ (vorausgesetzt übrigens, dass dieser Begriff selbst in diesem eingeschränkten Wortsinn objektiv sein kann, was die moderne Genetik bestreitet) „mit den soziologischen und psychologischen Ergebnissen der menschlichen Kulturen gleichzusetzen. Gobineau hat diese Sünde begangen und findet sich so in einem Teufelskreis wieder, der von einem intellektuellen Irrtum aus zur Legitimation aller Formen von Diskriminierung und Ausbeutung führt."[5]

Für die Verbreitung des „Négrisme" – dieser ideologischen Form der „Négritude" – genügte es völlig, die afrikanische Tradition in ihrem ursprünglichen Zustand zu belassen und nichts an den Denkweisen zu ändern. Man musste nur diesen Weg, den es zu beschreiten galt, genügend ausleuchten und ihn zwischen dem Eigenen und dem Andern grob abstecken, damit niemand in Versuchung geriet, sogenannte eigene kulturelle Werte als Ballast abzuwerfen und dies womöglich noch öffentlich zu tun. Wenige Afrikaner sind bereit, dieses „Risiko" auf sich zu nehmen. Aus Bequemlichkeit halten sie lieber an der Überzeugung fest, wonach schwarz sein die Zugehörigkeit zu einer Rasse und einer Kultur bedeute. Es wäre also ein Irrtum zu glauben, der „Négrisme" sei tot. Er ist im Gegenteil in dreifacher Hinsicht lebendig: zunächst als Mittel zur Verewigung des kulturellen Obskurantismus und als Mittel politischer Herrschaft[6]; dann als verzweifelter Versuch der Selbstaufwertung; und schliesslich in Form einer aggressiven Afrikanität, die alle Ebenen des täglichen Lebens erfüllt. Das beginnt mit Ethnokratien, das heisst auf der Stammeszugehörigkeit beruhenden Machteliten, die im Namen des „Rechts auf Andersartigkeit" moderne Staaten wie Dörfer regieren; das setzt sich auf dem Land fort, wo der Partikularismus Urständ feiert; und das erreicht seinen Höhepunkt in den Bürokratien, wo sich Beamte, die doch vom Staat bezahlt werden, rühmen, nur den Mitgliedern ihres eigenen Stammes zu dienen.

Völlig ungebildete und rachsüchtige Männer sperren heutzutage Afrika in den Kerker des „Négrisme", was übrigens nur von wenigen Afrikanern in Frage gestellt wird. Dieser kulturelle Totalitarismus, von dem die Intelligentsia annimmt, er gereiche Afrika zum Vorteil, dient vor allem dazu, Bilder und Symbole der afrikanischen Geschichte zu verewigen, die von Erniedrigten erfunden wurden und die ihnen zum Trost gereichen sollen. Die Marginalisierung Afrikas, über die vor allem im Ausland so viel gesprochen wird, ist also keineswegs während einer Generation entstanden, sondern sie ist das Ergebnis einer langen Anstrengung in Richtung kulturelle Isolation, wodurch die Gefahr der Verwestlichung angeblich entfremdeter Völker verringert werden sollte. Mit Recht weisen Edgard und Alain Hazoumé darauf hin, dass es in Afrika nur wenige soziale Revolutionen gegeben hat im Vergleich zu den zahlreichen Palastrevolutionen. Das mag damit zu tun haben, dass es zwischen der Mentalität der afrikanischen Intellektuellen und der der Massen keinen wesentlichen Unterschied gibt. Die eigentliche Erklärung liegt jedoch in einer Art schlechten Gewissens der Intellektuellen gegenüber den Massen, in einer Art falscher Bescheidenheit. Es ist, als ob die afrikanischen Intellektuellen sich schämten, mehr zu wissen als die ungebildeten Massen; sie schreiben diesen mehr Wissen und Können zu, um sich selbst besser auf jene volkstümliche Kultur berufen zu können, die vom Kolonialherrn abgewertet worden war. Auf diese Weise glauben sie, dass sie sich von der „Schuld" der Verwestlichung reinwaschen können. Dies ist die klassische Vorgehensweise der Freitag-Ideologie. Der fehlende Kontrast in den Denkweisen zwischen Intelligentsia und Massen ist das soziale und ideologische Instrumentarium, das den afrikanischen Diktatoren erlaubt, soziale Konflikte schon im Keim zu ersticken. Ein Intellektueller beispielsweise, der privat das Verhalten eines durch die ausländische Presse der Korruption bezichtigten Staatsoberhaupts missbilligt, wird öffentlich fast immer folgende Antwort gegeben: „Korruption gibt es nicht nur in Afrika. Im Westen ist sie noch viel häufiger." Punkt. Schlimmstenfalls ergibt sich folgende Aussage: „Alles in allem ist es doch normal, wenn ein Staatsoberhaupt reich ist. Glauben Sie etwa, dass Giscard und Reagan in Armut aus ihren Ämtern geschieden sind?"

Und so erhellt sich die folgende Erklärung eines politischen Führers aus Afrika: „Ich würde lügen, wenn ich behaupten wollte, ich hätte kein Bankkonto in Europa. Ich würde auch lügen, wenn ich sagte, dass keine grossen Summen auf diesem Konto lägen. Es liegen grosse Summen darauf. Ja, ich besitze viel Geld. Nach meinen Schätzungen sind es insgesamt weniger als fünfzehn Milliarden Francs CFA (rund 7,5 Millionen Schweizer Franken. Anm.d.Ü.). Ist das eine so hohe Summe für jemanden, der seit zweiundzwanzig Jahren Regierungschef eines so grossen Landes ist?"[7]

Es gibt also zwischen der politischen Klasse in Afrika und den gebildeten Afrikanern keine wirkliche Divergenz, weil die letzteren die Verteidigung der „Africanité" für dringlicher halten als die Bekämpfung von Verhaltensweisen, die für die Afrikaner selbst von Nachteil sind. Daher wird das entscheidende Problem der Korruption im allgemeinen gelöst, indem man den Westen ebenfalls der Korruption bezichtigt. Man wird kaum daran denken, einen Zusammenhang zwischen der Unterschlagung öffentlicher Gelder einerseits und den mageren Einnahmequellen und den steigenden Bedürfnissen Afrikas andererseits herzustellen. Das wichtigste ist der Beweis, dass die Schwarzen kein Monopol auf die Korruption besitzen.

Die gleiche Argumentation wird auf die demographische Entwicklung angewandt. Es interessiert die Afrikaner nicht, ob sie mit dem derzeitigen Stand ihrer Produktivität alle Kinder, die sie in die Welt setzen, korrekt ernähren, ärztlich versorgen, kleiden und ausbilden können. Das sind für sie zweitrangige Fragen. Sie berufen sich darauf, dass Afrika einen enormen Bedarf an Arbeitskräften habe im Hinblick auf riesige Wirtschaftsräume, die noch gar nicht existieren. Deshalb sei Afrika unterbevölkert. Sie berufen sich auf die Philosophie der Bantu von der „Force vitale", der Lebenskraft der Afrikaner, die Afrika zum Kontinent der vielen Kinder macht, wenn sie nicht gar behaupten, dass das Interesse Afrikas an einer steigenden Geburtenrate um so grösser sei, als die des Westens falle. Deshalb zeugen sie weiterhin Kinder, denen Bettelei und Obdachlosigkeit in die Wiege gelegt sind. Die allgemeine Einstellung der Afrikaner zum Leben wird oft fatalistisch genannt; was die Zeit nach der Unabhängigkeit betrifft, muss diese Charakterisierung jedoch differenziert werden. Denn der Afrikaner scheint sich weniger resigniert als vielmehr überzeugt in einem für ihn normalen System zu bewegen, dessen Mechanismen ihm durch und durch bekannt sind. So benutzt zum Beispiel niemand in Afrika den vorgeschriebenen Dienstweg. Nur Fremde verlieren sich in diesem System und empfinden es als ein kafkaeskes Labyrinth. Die Afrikaner selbst finden sich sehr gut darin zurecht und funktionieren so, wie Kundera dies in seinem Buch *Die unerträgliche Leichtigkeit des Seins*[8] für die Tschechen beschreibt: Das politische System ist undurchdringlich. Da man sich jedoch die sozialen Postulate zu eigen gemacht hat, gibt es niemals einen Grund zum Verzweifeln. Denn man kennt immer jemanden, der sich auskennt und das Problem aus Gefälligkeit lösen kann: mittels einer „kleinen finanziellen Geste" oder gegebenenfalls einer Gegenleistung.

Daher kann man ohne Übertreibung sagen, dass es in Schwarzafrika streng genommen keine Tricks gibt, denn sie sind die Norm. Die Afrikaner sind im übrigen sehr stolz auf ihr Gesellschaftssystem der solidarischen Bande. Denn ein weitverbreiteter Glaube der Freitag-Ideologie besagt, dass Afrika an menschlicher Wärme verlieren würde, wenn es sich für ein strenges und leistungsfähiges Verwaltungssystem entschlösse.

Der Begriff der Leistungsfähigkeit selbst ist in Afrika so negativ besetzt, dass niemand auf die Idee käme, den Status quo zugunsten einer Struktur zu ändern, mit der sich verlorene Zeit sparen und die Bedürfnisse des grössten Teils der Bevölkerung ohne Unterschied der ethnischen Herkunft befriedigen liessen. Die Überzeugung, dass es normal sei, sich irgendwie durchzulavieren, lässt die Chance auf den Beginn einer soziokulturellen Revolution beträchtlich sinken, die Transparenz in das Verteilungssystem der Güter der Nation bringen könnte. Man kann höchstens damit rechnen, dass die durch die wirtschaftlichen Sparmassnahmen hervorgerufenen wachsenden Widersprüche überall Plünderungen und Vandalismus auslösen und dass die Reichen ohne Unterschied zu Zielscheiben von Zerstörungswut werden. Hingegen ist es nicht sehr wahrscheinlich, dass diese Ausbrüche über den Mundraub hinausgehen.

Der Afrikaner lebt von der Hand in den Mund, selbst wenn er vermögend genug ist, um etwas zu riskieren. Dies ist zwar charakteristisch für eine Geisteshaltung, die geprägt ist von einer jahrhundertealten Subsistenzwirtschaft; dies ist aber auch charakteristisch für eine Gesellschaft, die despotisch regiert wird. So weiss vom Wachposten bis zum Minister in Schwarzafrika niemand, ob er seine Stelle drei Monate lang behalten wird. Niemand ist sicher vor Denunziation oder einfach vor der schlechten Laune eines Vorgesetzten, der seine Leute ungestraft und ohne Abfindung entlassen kann. Mitunter reicht es schon aus, dass man zur falschen ethnischen Gruppe gehört. Diese prekäre Situation und das völlige Fehlen jeglicher Kontrolle erklärt, weshalb in Afrika innerhalb kürzester Zeit riesige Vermögen angehäuft werden. Nur Afrikaner indessen aus Familien, die wohlhabend genug sind, brauchen nicht zu befürchten, dass sie in die Not des dörflichen Lebens zurückfallen, wenn sie ihre Arbeit verlieren. Es gibt nur ganz wenige, die bei einem schweren Schicksalsschlag auf eine private Versicherung oder ein staatliches Sozialversicherungssystem zurückgreifen können.

Die Ausdrücke „Diktatur“ und „autoritäres Regime“ werden in Afrika nur gebraucht, um die Einstellung einer korrupten, politischen Klasse zu beschreiben, die von Unterdrückung und Vetternwirtschaft lebt. Das Bild einer Handvoll wilder Männer, die eine verängstigte Menge mit

Hilfe von Maschinengewehren unter Kontrolle hält, ist weit von der Wahrheit entfernt. Die afrikanischen Diktaturen sind vor allem kulturelle Diktaturen. Unsere Autokraten wissen das so gut, dass sie keinerlei politisches Konzept ausgearbeitet haben, das die Mentalität der Bevölkerung für die Aussenwelt öffnen könnte. Die gesamte Kulturpolitik Afrikas seit der Unabhängigkeit betont die traditionellen Werte: Respekt vor dem Chef, Ehrfurcht vor dem Alter, Furcht vor den Oberschichten und den übernatürlichen Kräften, Verehrung des Geldes und abgöttische Verklärung einer vorkolonialen Vergangenheit.

Die Verdrängung der traditionellen Führer von der Macht, die zumeist zum Zeitpunkt der Unabhängigkeit stattgefunden hat, darf nicht täuschen: Sie war Teil eines Streites zwischen Dieben und fand nicht im Hinblick auf eine Kulturrevolution statt. Ziel war nicht, die traditionellen Werte zu überdenken oder ihnen einen neuen und dynamischen Inhalt zu geben, sondern den „Feudalherren“ ihren Einfluss auf die Massen zu nehmen, um sich selbst eine politische Langlebigkeit zu sichern. Nun hat man mitunter das Fehlen einer sozialen Komponente in den Befreiungsprogrammen der politischen Führer zu Zeiten der Unabhängigkeit mit der damaligen Lage erklärt, die sie zwang, den politischen Bereich anderen gegenüber vorzuziehen und die auseinanderstrebenden ethnischen Interessen unter einem gemeinsamen Banner zu formieren. Die blutigen ethnischen Kriege, die im ehemaligen belgischen Kongo nach der Unabhängigkeitserklärung ausgebrochen sind, scheinen diese These zu untermauern. In Wahrheit handelt es sich beim Fehlen der sozialen Komponente in den Regierungsprogrammen nicht wirklich um eine Unterlassung. Das Fehlen einer Gesellschaftspolitik lässt sich ganz einfach mit der Abneigung erklären, die afrikanische Mentalität just in einer Zeit in Frage zu stellen, in der die Rückbesinnung auf sich selbst die Rückeroberung traditioneller Werte bedeutete, so, wie diese vor der Kolonisierung bestanden hatten. Man kann gar nicht genügend betonen, wie sehr die Afrikaner, sogar die gebildeten, bis heute die Existenz ihrer „Nationen" als beklagenswerte und ihrer Kultur von Grund auf fremde Gebilde empfinden.[9] Die Beliebtheit der Rückbesinnung auf sich selbst zeigt – im Gegensatz zur Meinung René Dumonts –, dass die angeblich verwestlichten Eliten nicht im Gegensatz zu den bäuerlichen Massen stehen, sondern mit ihnen in bezug auf die Gesellschaft übereinstimmen. Die Behauptung, die afrikanischen Massen verdienten weder ihre Intellektuellen noch ihre politischen Führer, ist also falsch: Diese spiegeln ganz genau den Charakter der Massen wider.

Die geistige Leere Afrikas wird bald offen an den Tag kommen. Denn was wird geschehen, wenn sich der Schlagabtausch über die Frage erschöpft hat, ob der Liberalismus zurückkehre und ob der Marxismus endgültig tot sei? Man wird dann lediglich feststellen, dass diese Ideologien – die angeblich die authentische schwarze Seele vergiftet haben – Afrika in Wirklichkeit erlaubt haben, sich um eine heilsame Auseinandersetzung über Sinn und Ziel von Entwicklung zu drücken. Von Afrika aus gesehen unterscheiden sich die importierten Ideologien nämlich nur wenig voneinander. Die unabdingbaren Voraussetzungen von Entwicklung sind im Sozialismus und im Liberalismus die gleichen: Intellekt, technisches Wissen, Finanzen und Organisation. In Afrika aber stritt man sich bis in die jüngste Vergangenheit ausschliesslich darüber, ob man sich für Planwirtschaft oder Marktwirtschaft entscheiden sollte. Wer je in Afrika gelebt und gearbeitet hat, weiss, dass die Probleme dieses Kontinents vor allem darin bestehen, dass es keine Organisation, keine Motivation, keine Kontrolle und eine ungenügende Produktion gibt – Probleme, die keine politische Ideologie wird lösen können, solange die Afrikaner es als ihre historische Rolle betrachten, sich von der Entwicklung in der Welt fernzuhalten. Heute, da der Westen weniger über die politischen Ideologien als über den Begriff der Entwicklung selbst nachdenkt, möchte ich wetten, dass Schwarzafrika den Schwund der Ozonschicht zum Vorwand nimmt, um seine ohnehin schon wackeligen Industrialisierungsprogramme in der Schublade verschwinden zu lassen: Das, was „Freitag" verkörpert, ist in Afrika keine Koketterie feiner Leute mehr, sondern die Grundlage einer umfassenden kulturellen Abschottung.

11. Kapitel

Rehabilitierung oder Gehirnwäsche?

Der Vorwand der kulturellen Entfremdung

Die kulturelle Entfremdung beschäftigt nicht nur Afrika; sie ist vielmehr ein Thema des Pan-Negrismus und steht in Zusammenhang mit dem Dreieckshandel zwischen den Kontinenten Afrika, Amerika und Europa[1]: Das Thema der kulturellen Entfremdung findet sich sowohl in der afrikanischen wie auch in der afroamerikanischen, in der haitianischen und in der Literatur der Antillen. Als Ausgleich für die physische und kulturelle Ferne zum „Mutterland Afrika" haben sich die amerikanischen Schwarzen zum Symbol ihrer verlorenen Wurzeln das afrikanische Dorf auserkoren, was in ihrem Fall verständlich ist. Erstaunlich jedoch ist, dass die in Afrika geborenen und dort lebenden Afrikaner das Verschwinden des Dorfes ebenfalls bitter beklagen und dass sie dem Verlust der Traditionen einen auserwählten Platz in ihrer Literatur eingeräumt haben, obwohl noch 70 bis 85 Prozent der Bevölkerungen in wirklichen Dörfern leben. Denn im Gegensatz zu den Schwarzen auf den Antillen oder in Amerika haben die einheimischen Schwarzafrikaner ihr Geburtsland meist nur verlassen, um sich in Europa weiterzubilden, und dies im allgemeinen in einem Alter, in dem man die Einbindung in die ursprünglichen kulturellen Werte für abgeschlossen halten kann.[2] Dies entspricht so offensichtlich der Wahrheit, dass gewisse afrikanische Beobachter sich zu fragen beginnen, ob der angebliche Verlust der Persönlichkeit ihrer Landsleute der Realität entspreche oder ob das Phänomen der kulturellen Entfremdung sich möglicherweise auf eine Handvoll Intellektuelle beschränke. Amadou Mahtar M'Bow[3] meint beispielsweise, kulturell entfremdet empfinde sich nur ein Teil der afrikanischen Eliten. Kann man von ihnen auf die Gesamtbevölkerung schliessen?

Andere afrikanische Experten gehen sogar noch weiter: „Die afrikanischen Kulturen", so Mwatha Ngalasso[4], „sind nicht aufgrund der Kolonisation erloschen. Sie haben ihr im Gegenteil aktiv Widerstand geleistet, und dieser Widerstand hat eine neue kulturelle Dynamik hervorgebracht." Und weiter: „Obwohl die afrikanischen Sprachen, die mündlich überlieferte Literatur, die Künste und die traditionellen Religionen durch die Kolonisatoren in Misskredit gebracht wurden, haben sie überlebt, wenigstens auf dem Land. Es stimmt", so fährt er fort, „dass die Dominanz der Europäer während der Kolonialzeit bei den Afrikanern zu einem schweren Komplex geführt hat, zu Zweifeln am eigenen Selbstwert und zur Überzeugung schliesslich, dass ihre Kultur im Vergleich zu der des Westens grundsätzlich minderwertig ist. Entwicklung bedeutete deshalb, erst den Zugang zu finden zur westlichen Kultur. Dennoch wäre es falsch anzunehmen, die traditionellen afrikanischen Kulturen seien dem Untergang geweiht. Es gab zu Beginn der Kolonisierung ein Aufeinanderprallen der Kulturen und eine Verlangsamung in der Entwicklung der afrikanischen Traditionen. Man könnte jedoch leicht aufzeigen, dass die individuelle und kollektive Persönlichkeit der Afrikaner noch heute durch die wesentlichen Werte der afrikanischen traditionellen Kultur bestimmt wird, in den Städten wie auf dem Land."[5]

Es genügt, die Augen offenzuhalten, um festzustellen, dass der Begriff der kulturellen Entfremdung in bezug auf das afrikanische Denken ein Mythos ist. Da die Art des Denkens innerhalb einer Kultur am ehesten durch Sprache übermittelt wird, und Sprache folglich das wirksamste Mittel zur kulturellen Entfremdung darstellt, soll im folgenden kurz die Sprachpolitik der Kolonialzeit untersucht werden. Was das frankophone Afrika betrifft, hat Pathé Diagne darüber geschrieben: „Sprache war eine Priorität innerhalb der Kolonialpolitik. Es gab hier nur eine Alternative. Das moderne, industrialisierte und expansive Europa hatte innerhalb seiner Sprachen wertvolle Kenntnisse entwickelt. Keine Kultur konnte in diesem Bereich mit Europa konkurrieren, wenn sie sich nicht zuvor dieses Wissen angeeignet hatte. Wenn die kolonisierten Völker zu Europa aufschliessen wollten, mussten sie folglich fähig sein, dieses Wissen in ihren eigenen Sprachen auszudrücken, oder sie mussten sich schnellstens an die europäischen Kolonialsprachen anpassen und daraus Nutzen ziehen. Eine Anpassung an die Kolonialsprachen setzt deren Umformung in vom Volk verwendete Massensprachen voraus (...) – ein materieller Aufwand ohnegleichen. Er hätte bedeutet, dass Hunderttausende von französischen oder englischen Schulen auf dem Land und in den Städten geschaffen worden wären. Das wiederum hätte beträchtliche Ausgaben für die französische oder englische Alphabetisierung von afrikanischen Bevölkerungen nach sich gezogen, die von Natur aus dazu neigen, ihre eigenen Idiome zu verwenden. Selbst die grosszügigsten europäischen Regierungen hätten angesichts solcher Schwierigkeiten auf diese Aufgabe verzichtet. Denn eine Kolonie ist ja in erster Linie ein Geschäft."[6]

Die Kolonisatoren hatten also weder die Mittel noch den Wunsch, die afrikanischen Massen zu alphabetisieren. Und folglich war die kulturelle Entfremdung durch die Erziehungspolitik der Kolonialherrschaft auf einen winzig kleinen Bruchteil der Bevölkerung beschränkt. Der französische Generalgouverneur Roume sagte im übrigen: „Lassen Sie uns die Ausbildung als eine wertvolle Sache betrachten, die man ganz bewusst zuteilt, und lassen Sie uns die Auswirkungen auf geeignete Empfänger beschränken."[7]

Jeder weiss, dass diese Auserwählten dazu gedrillt wurden, die Werte ihrer eigenen Zivilisationen in Frage zu stellen und den kolonialen Behörden als „Transmissionsriemen" fremder Werte zur Verfügung zu stehen. Das Problem der Entfremdung konzentriert sich also nicht auf die Absichten dieser Erziehungspolitik – die eindeutig sind –, sondern auf das Ausmass dieser Politik. Da die Zahl derer, die vom Schulsystem der Kolonialzeit erfasst worden waren, so klein war, empfahl denn auch Pathé Diagne im Jahre 1970 die Einführung der afrikanischen Sprachen als Unterrichtssprachen an den Schulen, und er wies dringend darauf hin, dass in den afrikanischen Sprachen ein technischer Fachwortschatz geschaffen werden müsse als Voraussetzung für die Errichtung einer „technischen Massenkultur", wie sie in Europa oder Japan existiert. Die Statistiken über die in Afrika kurz nach der Unabhängigkeit eingeschulten Kinder vermitteln ein Bild von der kulturellen Entfremdung der Afrikaner. Für alle frankophonen und anglophonen Länder zusammen wurden im Grundschulbereich in den Jahren 1962 und 1963 4'870'000 beziehungsweise 7'975'000 Schüler gezählt; weiterführende Schulen wurden im selben Zeitraum, ebenfalls auf den gesamten Kontinent bezogen, von 934'000 Schülern besucht.[8] Dies kommt nach Auffassung von Moumouni im Vergleich zu den von 1956 bis 1957 registrierten Zahlen zwar einem „explosionsartigen Anstieg der Schülerzahlen" gleich. Andererseits ist allgemein bekannt, dass manche Länder wie zum Beispiel Zaire zum Zeitpunkt der Unabhängigkeit weder Ärzte noch Ingenieure hatten. Kurz: Die Schülerzahlen waren anfangs der sechziger Jahre so gering und der Mangel an afrikanischen Führungskräften und Technikern so verheerend, dass sich die Gründer der OAU 1963 gezwungen sahen, der Ausbildung auf dem gesamten Kontinent Priorität einzuräumen.

In bezug auf eine allfällige Bewusstseinsänderung lassen diese Fakten vermuten, dass der Geist der ursprünglichen afrikanischen Kulturen durch die Erziehungspolitik der Kolonialzeit nicht merklich beeinträchtigt werden konnte. Als weiteres Kriterium für die Entfremdung hat man oftmals die Tatsache angeführt, dass die Kolonialmächte die traditionellen und rechtmässigen Chefs durch Statthalter ihrer Interessen ersetzten. Auch wenn man die Bedeutung des gesellschaftlichen Überbaus für die Dynamik der Kulturen nicht unterschätzt, ist es schwer, vom Austausch dieser Führungsgestalten eine Zerstörung der kulturellen Grundlage Afrikas abzuleiten. Was im Prozess der Unterdrückung für die Rolle der Rasse gilt, kann mühelos auf den Bereich der Kultur ausgedehnt werden. Genügt es in der Tat, eine Kultur lange genug als hässlich und minderwertig zu bezeichnen, damit sie auch wirklich so wird? Man kann sich wieder einmal fragen, ob ein solches Urteil für die heutigen Afrikaner irgendeine Bedeutung hätte, wenn ihre Vorfahren die Kolonialkriege gewonnen hätten. Auch die Geringschätzung afrikanischer Kultur durch die Kolonialmächte erklärt nicht alles. Ganz offensichtlich fehlt etwas. Der Faktor, durch den nach Meinung von Fanon[9], Depestres[10], Davidson[11], Memmi und vielen anderen das Vertrauen der Afrikaner in die Werte ihrer Zivilisationen erschüttert wurde, war der Selbstzweifel, der entstand, als sich die militärische Überlegenheit der Kolonisatoren auf den Bereich der kulturellen Werte und auf die Person des Afrikaners auszudehnen schien. Die Selbstzweifel – die auch heute noch längst nicht ausgeräumt sind, sondern sich vielmehr zu einem aggressiven und obskurantistischen Kulturalismus gewandelt haben – erklären die Gefühle der Schuld und der Schande, die der Afrikaner gegenüber seiner Geschichte empfindet. Und sie erklären, weshalb Afrika sich seine Niederlage in den Kolonialkriegen nicht verzeiht und warum es schliesslich diese Demütigung mit „byzantinischen Erklärungen" zu kaschieren sucht, wie Alain und Edgard Hazoumé geschrieben haben.

Es ist bezeichnend und kommt nicht von ungefähr, dass ausgerechnet der gebildete Afrikaner das wirkliche Dorf zugrunde richtet. Denn wenn man den gebildeten Afrikaner mit den heute existierenden Traditionen konfrontiert, lehnt er sich auf und weigert sich, das Dorf in seiner ganzen Ärmlichkeit und materiellen Not zu akzeptieren; so sehr wurde ihm eingetrichtert, das präkoloniale Afrika sei der Garten

Eden gewesen, mit grossen und in Gold schwimmenden Königreichen. In Wirklichkeit war der Entwicklungsstand des mittelalterlichen Afrika aufgrund des Mangels an guten Kommunikationsmitteln sehr unterschiedlich. Neben fortschrittlichen politischen Systemen und glanzvollen Reichen gab es rückständige und grobschlächtige Zivilisationen. Das menschenfressende Volk der Zimba existierte beispielsweise zur selben Zeit wie die prächtigen Stadtstaaten Ostafrikas. Gewisse afrikanische Kulturen haben sich seit der Vorgeschichte bis heute wenig weiterentwickelt, andere wiederum hatten nach Meinung von Davidson, Cheikh Anta Diop und anderen Historikern im Mittelalter einen Entwicklungsstand erreicht, der in bestimmten Aspekten dem Europas entsprach oder ihn sogar übertraf. Ghana, das Reich der Aschanti, existierte fünf Jahrhunderte vor dem Reich Karls des Grossen. Der Historiker Cheikh Anta Diop berichtet, dass der Herrscher des Reiches der Mandingue, das aufgrund der Einfälle der Songhai bereits am Zerfallen war, noch genügend Macht und Prestige bewahrte, um als Gleichberechtigter mit dem König von Portugal verhandeln zu können – Portugal stand damals im Zenit seines Ruhms.[12] Diese Beispiele, von denen es noch viele andere gibt, veranschaulichen, in welchen Bereichen afrikanische Kulturen durchaus entwicklungsfähig waren. Cheikh Anta Diop weist mehrmals auf die Vielfalt und die grossen Unterschiede in der Entwicklung der afrikanischen Kulturen und Zivilisationen hin: „(...) die Beständigkeit vieler ursprünglicher Gemeinwesen in Afrika ist überraschend. Bis in die Mitte des 20. Jahrhunderts hinein und seit Jahrtausenden behielten die Pygmäen die Jagdmethoden der prähistorischen

Zeit bei. Neben dem glanzvollen Höhepunkt der ägyptischen Kultur und den herausragenden Errungenschaften so vieler afrikanischer König- und Kaiserreiche gibt es auch diese Tatsache, und sie verleiht der Richtung, in die sich die afrikanischen Gesellschaften entwickeln, ein einzigartiges Gesicht."[13]

Dies zeigt, dass gewisse vorkoloniale Kulturen dynamischer waren als andere. Afrikas vorkoloniale Geschichte ist nicht bis in seine letzten Winkel hinein glanzvoll gewesen. Anscheinend stellen sich die Afrikaner heutzutage aber ihre Vorfahren nur vom Format eines Soundiata, Samory oder Chaka vor. Das Leben in einem real existierenden Dorf scheint eher unangenehme Gefühle hervorzurufen, da es ohne Grösse und Glanz ist. Wo sieht man schon Afrikaner mit einem Diplom, die sich freiwillig auf dem Lande niederlassen? Und wenn einer für einen Posten in einem sogenannten „kleinen Nest" nominiert wird, artet dies im allgemeinen zu einem Drama aus. Das Dorf, „le village", wird geliebt und idealisiert, solange man weit genug davon entfernt wohnt; ihre Zukunft sehen die Afrikaner nicht auf dem Land. Auch eine wachsende Zahl von Bewohnern der Sahelzone oder der tropischen feuchtheissen Wälder träumt davon, ihre angestammten Gebiete zu verlassen, um in die Städte oder gar ins Ausland zu ziehen. Die Intellektuellen Afrikas reden gerne über die Landflucht und über den drohenden Untergang der authentischen Werte. Aber bevor sie sich allenfalls selbst auf dem Land niederlassen, verlangen sie vom Staat die Schaffung einer modernen Infrastruktur (Strom, fliessendes Wasser, geteerte Strassen, Telefon, Radio, Fernsehen, Krankenhäuser etc.). Es kommt ihnen nicht in den Sinn, die Sache umzudrehen, dem Staat mit gutem Beispiel voranzugehen und so mitzuhelfen, die Landflucht einzudämmen; nicht nur die ländliche Bevölkerung ist von den Lichtern der afrikanischen Städte fasziniert. Für die Intellektuellen ist das leibhaftige Dorf ein Ort voller Konflikte; ein Ort, wo die afrikanische Tradition im Konflikt mit dem europäischen Eindringling den kürzeren gezogen hat, und ein Ort, der durch seine wachsende Abhängigkeit vom Geld immer mehr an Attraktivität verliert. Dies ist, was man mit „kultureller Entfremdung" bezeichnen könnte. Der Rest ist Einbildung.

In der Forderung der Afrikaner nach Verwurzelung in ihrer eigenen Kultur haben sie dem „Dorf" verschiedene ideologische Rollen überbunden. Das Dorf ist längst kein physischer Ort mehr, sondern eine Art ideelles Konzept, mit dessen Hilfe man abstrakte Erziehungsprogramme, aus der Luft gegriffene politische Systeme oder neue Managementmodelle für das heutige Afrika erfinden kann. Auf diese Weise entsteht der Eindruck einer stetigen Kluft zwischen den gegenwärtigen Erfordernissen der Welt, der jämmerlichen Lage Afrikas und dem fortschrittsfeindlichen Verhalten der Afrikaner.

Psychologisch gesehen, lebt Afrika im Mittelalter – eine längst banale Feststellung. Weniger bekannt sind die Ursachen: Die Afrikaner verschwenden ihre Energien immer noch im Blick auf die historischen Küsten, wo einst die Sklavenschiffe anlegten; sie lauern immer noch Brazza und Stanley hinter der Krümmung eines Buschpfads auf, um ihnen den Hals umzudrehen; sie hoffen immer noch auf Vergeltung. Daher die ständigen supponierten Neuauflagen der Kolonialkriege, die mit Erreichen der Unabhängigkeit begannen, in den siebziger Jahren durch den „Vendredisme“, die Freitag-Ideologie, verstärkt wurden und die bis heute fortgesetzt werden. Sie sperren den afrikanischen Geist immer stärker in einen unsagbar ärmlichen kulturellen Raum ein.

Die wirkliche Afrikanisierung muss erst noch erfunden werden. Sie wird wohl die Aufgabe einer Generation sein, welche die Probleme nicht vom ästhetischen Aspekt her betrachtet, sondern vom Aspekt der Beschäftigung, des Erwerbs und der skandalösen Unterschiede zwischen den Einkommen der Reichen und der Armen in Afrika. Das Bandentum in Abidjan beispielsweise nimmt unter dem Druck der Ungleichheit immer schlimmere Formen an – einer Ungleichheit, die sich nicht nur in aller Öffentlichkeit schamlos darstellt, sondern die die ärmste Bevölkerungsschicht ohne irgendeine Hoffnung auf Besserung ihrer finanziellen Lage zugrunde gehen lässt. In Dakar überfällt heute der Bettler, der früher noch mit einem Geldstück zufrieden war, das man ihm an einer roten Ampel zuwarf, die Autofahrer. Die Gründe sind dieselben, und es gäbe noch sehr viel mehr Beispiele. Wichtiger ist die Erkenntnis, dass „die bis zum Jahr 2000 vorhersehbaren sozialen Krisen“, von denen Mahdi Elmandjra vor zehn Jahren gesprochen hat, sich stark ausweiten werden, denn die afrikanischen Gesellschaften haben nichts zu ihrer rechtzeitigen Unterbindung getan. Nirgendwo in Afrika gibt es einen gesellschaftlichen Entwurf, nirgends gibt es neue soziale Ideen. Mitten in dieser gesellschaftlichen Erstarrung wollen die Afrikaner offensichtlich nur eines: sie selbst bleiben, um jeden Preis. Das Entdecken der eigenen afrikanischen Persönlichkeit, das nach der Kolonialzeit eine kreative Aufgabe hätte sein können, ein begeisterndes Abenteuer, droht die Afrikaner langsam zu erstikken. Es ist zu einer Gehirnwäsche geraten zugunsten fragwürdiger, nicht überprüfter kultureller Werte.

12. Kapitel

Die Afrikanisierung

Albert Memmi gibt eine gute Analyse dessen, was mit der Politik der Afrikanisierung historisch auf dem Spiel steht: „Der vom Kolonialismus Befreite ist ein Mensch, der sich einerseits im Prozess der Entkolonialisierung befindet, der sich aber andererseits weiterhin auf eine Situation bezieht und sich aus ihr heraus definiert, deren Auswirkungen noch nicht völlig verschwunden sind (...) Es geht für ihn also darum, die Eroberung der Unabhängigkeit vom Kolonisator zu vollenden und gleichzeitig sich selbst wieder neu zu entdekken. Daher das Ausmass (und die Verschiedenartigkeit) der Probleme, die sich einem ganzen Volk auf dem Wege der Entkolonisierung stellen. Es müssen in der Tat neue Lösungen in allen Bereichen gefunden werden: in der Politik, in der Wirtschaft, im Sozialen und im Kulturellen."[1]

Es müssen neue Lösungen gefunden werden, das ist das Problem. Die Afrikanisierung der Kader, des Bildungswesens, der Unternehmen usw. ist das Schlüsselwort dieser legitimen und umfassenden kulturellen Selbstfindung, ohne die es keinen Fortschritt für irgendein Volk auf der Welt gibt. Indessen, sie wurde angegangen, ohne dass die weltweiten Veränderungen seit dem Sklavenhandel berücksichtigt worden wären, und sie ist nach dreissig Jahren nicht über die unvermeidliche Phase der symbolischen Tötung des Eindringlings hinausgekommen zugunsten von kulturellen Werten, die materiellen und menschlichen Fortschritt hätten mit sich bringen sollen.

So ist man von einer Epoche, in der „die Geschichtslehrer (...) die afrikanische Geschichte, die Sprachforscher die afrikanischen Sprachen" verachteten, in eine Phase geraten, in der umgekehrt alles, was nicht afrikanisch ist, völlig verachtet wird, in eine Zeit willkürlicher Definition dessen, was „Afrikanität" eigentlich sein soll, und in eine systematische Überbewertung all dessen, was die Kolonialherren geringschätzten. Kann man das Afrikanisierung nennen? Zweifel sind angebracht. Betrachten wir zunächst die Ergebnisse dieser verfehlten kulturellen Selbstfindung im Bereich des Bildungswesens.

1. Die Rache des Widerstandshelden

„Die Lektüre ausländischer Literatur trägt zur völligen Entfremdung bei (...) Die schwarzafrikanische Literatur muss unterrichtet werden, da sie unsere Vergangenheit zum Ausdruck bringt und für unsere Zukunft wegweisend ist (...) Das patriotische Gefühl erfordert das." Bernard Kotchy[2]

„Ist die Erziehung nicht der Schlüssel zur Entwicklung? (...) Die Grundlagen eines Unterrichts müssen unbedingt das kulturelle Erbe des Schülers widerspiegeln, so dass man ihn mit seinen Vorfahren verbindet."
Israël Katoké[3]

Nachdem Afrika die Freiheit wiedererlangt hatte, steckte es sich im Bereich des Schulwesens drei Ziele: den Anstieg der bis dahin lächerlich geringen Schülerzahlen, die Ausbildung der für das Erreichen der Entwicklungsziele notwendigen Führungskräfte und die Verabschiedung der „gallischen und britannischen Vorfahren“ aus afrikanischen Geschichtsbüchern und Köpfen.[4] Die grossen Linien dieser Erziehungspolitik haben anfangs keinerlei Bedenken hervorgerufen, weil sie als die Bedingungen *sine qua non* für die Wiedereroberung der Würde und für den Fortschritt des afrikanischen Kontinents galten. Nach Meinung vieler afrikanischer Beobachter hat das afrikanisierte Unterrichtswesen – vor die Anforderungen einer neuen Welt gestellt – nun aber eher die Tendenz gefördert, Afrika von der Aussenwelt abzuschotten, und ist weit davon entfernt, die notwendige Öffnung hin zur Entwicklung zu unterstützen.

„Die Schule sollte afrikanisiert werden, das war normal“, erklärt Edem Kodjo, „doch hat man dabei nur das eine im Auge gehabt, die Afrikanisierung, wodurch das andere, die Öffnung zur Welt, auf der Strecke geblieben ist. Man wollte zu sehr reformieren und afrikanisieren und ist dabei im Ergebnis zu einem Konzept gelangt, das die Grundlage des Unterrichtswesens so sehr eingeschränkt hat, dass dadurch auch die Fähigkeit der Schüler, die Welt in ihrer ganzen Komplexität kritisch wahrzunehmen, nicht entwickelt oder sogar stark limitiert wurde.“[5]

Der besorgte Théophile Obenga kommt für die Hochschule zum gleichen Schluss: „Jedes Jahr“, so schreibt er, „gibt es eine hohe Durchfallquote: vor allem im ersten Studienjahr, aber auch in den folgenden. Nach meinen Erfahrungen können wenige Studenten einen Text interpretieren, ohne ihn lediglich zu paraphrasieren. Sie können ihre Gedanken zu einem Thema nicht logisch, methodisch korrekt und kohärent entwickeln. Sie kennen den logischen Aufbau einer konzeptuellen Darstellung nicht.“[6]

Dies hat seine Auswirkungen auf den Unterricht in Wissenschaft und Technologie: Einem Bericht der Regionalvertretung der UNESCO von 1983 zufolge „verzeichnet Afrika einen bedenklichen Rückstand (in bezug auf Wissenschaft und Technologie). Dieser Rückstand droht grösser zu werden, falls die afrikanischen Staaten nicht die gebotenen Massnahmen ergreifen, um Bedingungen zu schaffen, die die Entwicklung des Unterrichts in Wissenschaft und Technik fördern“.[7]

Alarmiert durch solche Feststellungen pflegt man die Anzahl der Seminare über Basiserziehung zu erhöhen, die Ausbildung von Multiplikatoren zu verstärken und zu betonen, wie nötig es sei, die moderne Wissenschaft und Technologie in die Lehrpläne der Schulen einzubauen. Einmal mehr vergisst man dabei, dass das Haupthindernis für die Entwicklung in Afrika zunächst psychologischer Art ist, egal welchen Bereich man betrachtet. Der grundlegende Irrtum besteht darin, von einem Afrika, das völlig gefangen ist in seinen Bemühungen um eine kulturelle Entkolonialisierung, zu erwarten, es interessiere sich für die Moderne. Die Tatsache, dass der afrikanische Kontinent von 1970 bis 1980 die stärkste Verringerung der Analphabetenrate verzeichnete – von 70,6 auf 60,6 Prozent[8] –, darf nicht täuschen. Trotz dieser Anstrengungen gibt es nach wie vor eine riesige Zahl von Afrikanern, die völlig unfähig sind, in ihrer Muttersprache oder einer Fremdsprache zu lesen und zu schreiben, nachdem sie die Schule verlassen haben. Mwatha Ngalasso sagt über diese unzureichend ausgebildete Bevölkerung: „Wenn die jungen Leute im Alter von zwölf bis dreizehn Jahren ohne ausreichende Schul- oder Berufsausbildung ins Dorf zurückkehren (...), werden sie alsbald wieder zu Analphabeten und sind finanziell noch schlechter gestellt als diejenigen, die immer im Dorf geblieben sind."[9]

Diese Jugend macht auch den Hauptteil des Lumpenproletariats der städtischen Zentren und ihrer Peripherien in Afrika aus. Die Afrikanisierung des Bildungswesens, welche den Widerstand der Vorfahren gegen die Schule der Kolonisatoren rehabilitieren wollte, hat ihre Aufgabe – den kulturellen Isolationismus – voll erfüllt: Die Operation „Verwurzelung in den traditionellen Werten" ist geglückt. Überall bemühen sich Helden, die gegen den Kolonialismus Widerstand geleistet haben, dem Eindringling an den Kragen zu gehen, überzeugt davon, die Grösse Afrikas bestehe einzig und allein aus seiner Vergangenheit. Wer je die Möglichkeit hatte, mit einem afrikanischen Schüler oder Studenten zu reden, kennt das Ausmass der Katastrophe „afrikanisierter" Lehrpläne. Starr aufgebaut, schläfern sie den Geist ein und erreichen dennoch, dass die jungen Leute nach Abschluss der Schule furchtbar stolz auf sich selbst sind. So legt das afrikanische Kind vor seiner Einschulung eine grosse Neugier an den Tag und zeigt beispielsweise beim Herstellen seines eigenen Spielzeugs eine beachtliche Beobachtungs- und Erfindungsgabe. Vom ersten Schultag an wird es jedoch zu einer Art kleinem Wiederkäuer degradiert, der mit Informationen über den Sklavenhandel und den Widerstand gegen die Kolonisation gefüttert wird. Auf diesem Stand des Wissens bleibt der Heranwachsende stehen. Afrikanische Kinder sind an sich weder konservativ noch modern, aber doch offen für die alten Traditionen, und sie lernen sehr schnell, sich als Menschen zu begreifen, die keinerlei Möglichkeit oder Fähigkeit haben, die Gegenwart zu verändern. Es ist zwar durchaus erwünscht, dass ein Individuum schon in jungen Jahren Selbstwertgefühl und Stolz auf sich selbst erwirbt; aber es ist noch lange nicht gesagt, dass ihm dieses Gefühl mit Hilfe von Bildern und Geschichten über heldenhafte Vorfahren eingetrichtert werden muss, die dem Eindringen der Kolonialisten wie Löwen widerstanden haben. Später, wenn das afrikanische Kind mit der Realität einer Welt konfrontiert wird, die durch gnadenlose Konkurrenz bestimmt ist, wird er sich unweigerlich fragen, weshalb seine Vorfahren diese Kriege trotz ihres Mutes und ihres Patriotismus verloren haben. Angesichts der weltweiten Kräfteverhältnisse wird sich der junge Afrikaner entweder eine klare Antwort auf diese Frage geben, oder er wird das Schwadronieren seiner Väter übernehmen und fortsetzen. Daher muss man wachsam sein.

Afrika hätte vieles, auf das es stolz sein könnte. Um so erstaunlicher ist es, dass man sich dafür genau jene Themen aussucht, die für Afrika grosse Schande bedeuten: Sklaverei und Kolonisation. Was ist daran besonders erhebend für die Moral? Dass man mich recht verstehe: Es geht nicht darum, diese historischen Tatsachen aus den Schulbüchern zu verbannen, sondern vielmehr darum, die entsprechenden Lehren daraus zu ziehen.

„Die Intellektuellen", schreibt Cheikh Anta Diop, „sollen die Vergangenheit nicht studieren, um in ihr zu schwelgen, sondern um die nötigen Lehren daraus zu ziehen; oder sie müssen sich, falls notwendig, von ihr trennen, gerade weil sie sie studiert haben."[10]

Der damalige Präsident Ghanas, N'Krumah, gab den

Teilnehmern des ersten Kongresses der Panafrikanisten in Accra, den er organisiert hatte, in etwa die gleichen Empfehlungen, als er folgendes sagte: „Ihre Anstrengungen verweisen auf ein Wiedererwachen der wissenschaftlichen Neugier in bezug auf die Erforschung Afrikas. Diese muss auf ein Ziel hin gerichtet werden: objektive Untersuchung und Evaluation des afrikanischen Erbes."[11] Eine solche selbstkritische Rückschau setzt die Fähigkeit voraus, Geschichte zu lesen, ohne dass man alles durch die Brille von Mythen oder Hautfarben betrachtet. Das ist in diesem gedemütigten Afrika noch nicht der Fall, wo man sich seit dreissig Jahren bemüht, die Geister zu vernebeln, aus lauter Angst, die wirklichen Probleme endlich auf den Tisch zu legen.

Dabei hätten die Helden des Widerstands, von denen die afrikanischen Geschichtsbücher nur so wimmeln, der jetzigen und der künftigen Generation immerhin eine wichtige Botschaft mitzugeben: die dringliche Aufforderung, konkrete Massnahmen zur Verhinderung einer Neuauflage von Sklaventum und Kolonisation in Afrika zu treffen. Die Männer und Frauen des Widerstands werfen nämlich in Wirklichkeit die Frage nach der historischen Verantwortung der Afrikaner für das Unglück auf, das sie erlitten haben. Afrika muss in dieser Hinsicht endlich erwachsen werden, aufhören, sich selbst zu belügen, und ein für allemal aufräumen mit der Einteilung in gut und böse. Diese zugleich lükkenhafte und unwirksame Sichtweise benachteiligt nur die Afrikaner selbst. Gewiss, wenn die zwischenmenschlichen Beziehungen von der Moral bestimmt wären, käme der Friede von ganz allein. Doch müssen sich die Afrikaner darüber im klaren sein, dass die Dinge komplizierter sind.

Ein weiterer charakteristischer Zug der Afrikanisierung des Unterrichtswesens betrifft – neben den Lehrinhalten – die Methode, welche jede Heuristik ablehnt. Vom Kindergarten bis zur Universität herrscht die gleiche Misere: Die afrikanischen Kinder und Jugendlichen sind nicht in der Lage, zu suchen und zu finden. Nun sollte man in der Schule aber eigentlich lernen, konkrete Lösungen für die Entwicklungsprobleme sowohl des Individuums wie auch der Gemeinschaft zu erarbeiten. Die afrikanischen Regierungen ahnen, dass es um das Schulwesen schlechter steht, als sie offiziell zugeben; offensichtlich geben sie sich jedoch damit zufrieden, den pädagogischen Gehalt der Schule aus den schieren Notwendigkeiten des bisherigen Erwerbslebens heraus zu definieren[12], und wollen nicht auf die mannigfachen Neuauflagen von „Kolonialkriegen" verzichten.

Nun wird das Erwerbsleben in Afrika – wie überall – immer mehr durch die Leistungen all der Länder ausserhalb des afrikanischen Kontinents bestimmt, die heute auf dem Weltmarkt mit den klassischen Industriemächten konkurrieren. Die direkten Konkurrenten Afrikas sind nicht die ehemaligen europäischen Mutterländer, sondern Brasilien, Hongkong, Taiwan, China, Indien etc.; mit anderen Worten die übrige sogenannte Dritte Welt. Der Nord-Süd-Dialog trägt leider sehr zur Verschleierung dieser neuen Realität bei. Afrika könnte also in einer Zeit, in der Diplome ohnehin nicht mehr viel wert sind, viel gewinnen, wenn es seine Jugend so ausbildete, dass sie anschliessend kreativ genug ist, um für sich selbst Arbeit und Einkommen zu kreieren – und so verantwortungsvoll, dass sie das Bevölkerungswachstum begrenzen hilft, das wenigstens im Augenblick verhindert, dass sich in Afrika das für die Entwicklung notwendige Kapital bilden kann. Objektiv gesehen, ist die Gründung eines kleinen Unternehmens einfacher, wenn man zwei Kinder hat, als wenn man ein Dutzend ernähren muss. Doch dieses Bewusstsein fehlt weitgehend. Die Generationen, die die Kolonisation nicht erlebt haben, zahlen also doppelt für die Unzulänglichkeiten ihrer Vorgänger: zum einen mit dem Erbe einer zwar realen afrikanischen Geschichte, aus der jedoch keine Lehren gezogen wurden; zum anderen, indem ihnen das lebenswichtige Recht auf Öffnung nach aussen verweigert wird, und zwar ausgerechnet im Namen des Rechts auf Andersartigkeit. Auf diese Weise arbeitet Afrika seit dreissig Jahren an seiner Rekolonisierung.

Schliesslich hat man im Zug der Afrikanisierung des Bildungswesens auf die Akkulturation, die kulturelle Vermischung, gesetzt („le métissage culturel"), um die Öffnung nach aussen voranzutreiben. War nicht auch dies ein ganz grundsätzlicher Irrtum? Er geht u.a. auf den senegalesischen Dichter und Präsidenten Léopold Sédar Senghor zurück: „Das Bildungswesen in Schwarzafrika zielt vor allem darauf ab, den Schülern gleichzeitig eine einheimische und eine französische Bildung zu vermitteln, denn ich bin der Meinung, dass jede Kultur aus einer Mischung verschiedener Kulturen hervorgeht."[13]

2. *Akkulturation: ein notwendiger Zwischenschritt?*

Die kulturelle Vermischung ist ein Mythos, der auf der irrigen Überzeugung beruht, dass das gegenseitige Verständnis der Kulturen und Traditionen verschiedener Völker die Vorbedingung *sine qua non* für die interkulturelle Verständigung sei. Nun stimmt das aber überhaupt nicht. Erfahrungen belegen, dass man zugleich hochgebildet und rassistisch sein kann. Auch kann man eine Kultur sehr gut kennen und sie gleichzeitig verachten. Kultur im traditionellen Sinn – wie die Intellektuellen und die afrikanischen Massen den Begriff weitgehend verstehen – ist folglich alles andere als eine Garantie für Verständigung und Gemeinschaft. Das Auftauchen von neuen Industrieländern beweist, dass die Verständigung zwischen den Völkern heute mehr denn je auf der Ebene der Technologie basiert; die Wahrscheinlichkeit gegenseitiger Verflechtung wird durch den Umfang und die Bedeutung der technischen und wissenschaftlichen Kenntnisse der jeweiligen Länder bestimmt. Wenn Japan heute in der Lage ist, mit den Vereinigten Staaten in einen Dialog zu treten, so doch nicht etwa, weil Japaner und Amerikaner gegenseitig ihre Traditionen, die sich zutiefst unterscheiden, schätzen gelernt hätten! Die Verhandlungen beziehen sich auf Elektronik, Fasern, Fahrzeugbau, künstliche Intelligenz, den Yen und den Dollar. Die Technologie ist das moderne Vehikel der Kultur, ebenso wie es im klassischen Sinn die Kunst ist – heutzutage eine Binsenweisheit. Und um ein noch viel deutlicheres Beispiel anzuführen: Man kann wohl nicht behaupten, dass die russisch-amerikanischen Wirtschaftsbeziehungen seit 1945 deshalb ständig angewachsen wären, weil sie auf einem gegenseitigen kulturellen Verständnis beruht hätten. Dennoch hat sich – ungeachtet der Meinungsverschiedenheiten zwischen den beiden Grossmächten – eine tiefgehende kulturelle Identität offenbart und zwar insofern, als die Welt auf dem besten Weg ist, sich nicht mehr in einen sozialistischen und einen kapitalistischen

Teil, sondern ganz einfach in entwickelte und unterentwikkelte Länder aufzuteilen.

Die Anhänger einer Afrikanisierung des Bildungswesens sollten dies schleunigst zur Kenntnis nehmen und erziehungspolitische Massnahmen ausarbeiten, die die Fähigkeit der Afrikaner zur Anpassung an Neues und zur raschen geistigen Umstellung fördern. Der „Kulturmestize" – ein Mix aus Hellenismus und Tamtam – wird kaum in der Lage sein, diese Art von Herausforderung anzunehmen. Überdies scheint Kulturvermischung als Symbol der gegenseitigen Öffnung äusserst schlecht gewählt. Wer die Empfindlichkeit der heutigen Afrikaner in bezug auf alles, was mit Rasse zu tun hat, kennt, der weiss, dass sie den Begriff kulturelle Vermischung in erster Linie mit verschiedenen Hautfarben assoziieren. Dies führt wiederum zu einer Abwehrhaltung. Kulturelle Vermischung, „le métissage culturel", erinnert daran, dass der Mulatte vor noch nicht allzu langer Zeit unbedingt ein Weisser werden wollte, also ein Bewohner einer Zwischenwelt war, der sich im Purgatorium des „cercle des métis" und des „club des Antillais" zwischen dem Paradies der Weissen und der Hölle der Schwarzen bewegte. Der Mulatte ist also eigentlich keine sympathische Erscheinung.

Wieder ist es Fanon, der am besten erläutert, weshalb die europäisch-afrikanische Kulturvermischung ein Mythos ist: „Im Gegensatz zur afrikanischen Medina, wo man irgendwo geboren wird und irgendwie stirbt, ist die Stadt der Kolonisatoren eine Betonstadt (...), eine hell erleuchtete Stadt mit asphaltierten Strassen, wo die Mülleimer voll sind von unbekannten Resten, die die Afrikaner noch nie gesehen haben und deren Existenz sie sich noch nicht einmal erträumen

(...) Der Kolonisator weiss das wohl, er sieht die begehrlichen Blicke, und er stellt bitter und stets wachsam fest: ‚Sie wollen unseren Platz haben.' Tatsächlich gibt es nicht einen einzigen Kolonisierten, der nicht mindestens einmal täglich davon träumt, die Rolle des Kolonisators einzunehmen."[14] Im übrigen stellt Fanon klar, dass es den Afrikanern nicht darum geht, Europäer zu werden.

Kulturelle Vermischung setzt gegenseitige Neugier voraus; diese wird selbst von jenen Afrikanern, die diesem Gedanken am meisten zugeneigt sind, sofort abgelehnt, wenn sie merken, dass die Menschen des Westens ihr Interesse nicht erwidern. Nichtsdestotrotz ist die Öffnung nach aussen eine schiere Notwendigkeit. Afrika muss sich von der Erfahrung der anderen Länder, einschliesslich der westlichen, anregen lassen. Es ist völlig verfehlt, wenn sich die Afrikaner auf das Desinteresse des Westens gegenüber den afrikanischen Kulturen versteifen. Was macht es denn schon aus, ob sich der Westen für die kulturellen Werte der Afrikaner interessiert oder nicht. Sollte Afrika angesichts seines technologischen und wissenschaftlichen Rückstands nicht einfach aus allen Kulturen der Welt jene Elemente aussuchen, die ihm schnellstmöglich die Unterentwicklung überwinden helfen? Kann Afrika es sich leisten, wählerisch zu sein, da es doch von aussen beherrscht wird? Alles in allem ist Afrika der Kontinent, der die schlechtesten Leistungen der Welt aufweist: „Afrika erbringt mit Sicherheit die schlechtesten Leistungen im Bereich des Bruttosozialprodukts, der Industrialisierung, der Technologie, der Hygiene, der primären Gesundheitsversorgung und der Nahrungsmittelproduktion. Der Kontinent schlägt in allen Bereichen sämtliche Negativrekorde, und seine Entwicklung geht seit 1960 ständig zurück (sic) (...).“[15]

Die Armut Afrikas ist paradox, denn dieser aufs Ganze gesehen unterbevölkerte Kontinent weist so viele Bodenschätze und Energiequellen auf, dass der natürliche Reichtum Afrikas ein „geologischer Skandal“ genannt wurde. Nehmen wir also der afrikanischen Jugend ihre Schuldgefühle gegenüber „der Sache des Weissen“; befreien wir sie aus den Fängen des enttäuschten Afrikanismus, der ihr lediglich als Aushängeschild für Identität dient.

Es besteht gar kein Zweifel, dass die Auffassung von Kultur und Tradition, die sich in Afrika nach Erlangung der Unabhängigkeit durchgesetzt hat, ein Bremsklotz für die Entwicklung ist. Das Recht auf kulturelle Eigenart hat in Afrika lediglich Stillstand, Widerstand gegenüber der Moderne und intellektuelle Verkalkung legitimiert. Diesbezüglich harmonieren Politik und Gesellschaft bestens, auf dass der Status quo ja nicht angetastet werde. Jene afrikanischen Intellektuellen, die die geistige Unterentwicklung ihrer politischen Führungskräfte anprangern, müssten sich fragen, inwieweit sie selbst durch ihre Tendenz, afrikanische Traditionen heiligzusprechen und afrikanische Kulturen als gefährdete Denkmäler zu betrachten, zum Rückschritt ihres Kontinents beigetragen haben.

13. Kapitel

Gebrauchsanweisung für den ökonomischen Selbstmord

1. Von der traditionellen Gesamtbetrachtungsweise zum traditionalistischen Totalitarismus

Allgemein gesehen sind die Massnahmen zur Afrikanisierung lediglich breit angelegte Betrügereien, durch die den Afrikanern unter dem Vorwand der kulturellen Authentizität die elementarsten Rechte vorenthalten werden. Genauso wie für die bereits erwähnte Schulbildung gilt dies für den politischen, den sozialen und den ökonomischen Bereich. Der wirtschaftliche Aspekt des Problems wird Gegenstand dieses Kapitels sein. Zunächst will ich jedoch kurz deutlich machen, dass der Machtmissbrauch durch die politische Klasse alles andere als dem Volk – einschliesslich der intellektuellen Elite – aufgezwungen wird. Im Gegenteil, er gedeiht auf dem Nährboden der narzisstischen Grundhaltung in den afrikanischen Gesellschaften und spiegelt logischerweise das Bild einer von autoritären Vorstellungen geprägten geschlossenen und eingeengten sozialen Kultur wider. Man kann aber nicht gleichzeitig mit seinem Volk in einem Meer von Authentizität baden wollen und sich darüber beschweren, dass das Wasser salzig sei und bitter schmecke.

Die Kluft zwischen den verbalen Ansprüchen der Afrikaner und den Taten ihrer politischen Führer lässt sich erklären mit dem Beharren des Volkes auf den eingeschränkten überlieferten Strukturen der Gesellschaft und mit der antiwestlichen Doktrin der afrikanischen Intellektuellen. Das angeblich mundtot gemachte Afrika ist ein haltloses Klischee, mit dem unbedingt aufgeräumt werden muss, wenn man die eigentliche Dynamik der politischen Wirklichkeit Afrikas erfassen will. Das Fehlen politischer Meinungsfreiheit wird erst wirklich verständlich, wenn man erkennt, dass alle Teile der afrikanischen Gesellschaft dazu beitragen.

Im Gegensatz zu den Behauptungen der afrikanischen Traditionalisten, die den Garten Eden beschwören, stammt dieses Phänomen aber nicht aus der Zeit der Unabhängigkeit. Und es ist auch nicht nötig, die vorkolonialen politischen Systeme Afrikas zu blutigen Diktaturen zu erklären: Das Beharren auf Tradition macht zwangsläufig unfrei und lässt einen nicht tun und lassen, was man will. Tradition strebt ein Erstarren des Bewusstseins an und will Individuen hervorbringen, die sich zwar ihrer Rechte und Pflichten, vor allem aber ihrer Grenzen bewusst sind, und zwar im Rahmen einer in sich geschlossenen Welt. Statt nun dieses enge Korsett in der Neuzeit endlich zu sprengen, haben ihm die gedemütigten Traditionalisten in ihrem Eifer sogar noch die ehernen Fesseln eines kulturellen Totalitarismus angelegt. Die Afrikaner werden es sehr schwer haben, sich davon zu befreien. Nach der Analyse der verheerenden Folgen des postkolonialen Kulturalismus im Bildungswesen will ich nun seinen Einfluss auf die Wirtschaft aufzeigen.

2. *Das schwarzafrikanische Management*

„Weshalb diese Aufregung? Weshalb dieser übertriebene Zweifel? Ich behaupte, dass unsere Studenten, die in Europa, den Vereinigten Staaten und sogar in den Handelsschulen Afrikas die westlichen Management-Theorien studieren, um sie in die Praxis umzusetzen, sich selbst entfremdet werden: (...) dadurch, dass sie unsere eigenen Handlungsmotive, unsere Organisationsformen und den zu unseren Bevölkerungen passenden Führungsstil nicht kennen oder vergessen haben, sind sie so verdorben, dass sie sich von der gegenüber den einheimischen Modellen höheren Leistungsfähigkeit der importierten Managementmodelle überzeugen lassen."

Henry Bourgoin[1]

„Ich sage Ihnen, diese Bantus schweben immer in höheren Sphären: Was sie vor allem anstreben, ist nicht so sehr eine Verbesserung ihrer wirtschaftlichen oder materiellen Lage, sondern die Anerkennung durch den Weissen und dass er sie als vollwertige Menschen nehmen möge. Man muss also nur der Lebenskraft der Bantus die Reverenz erweisen, und schon ist die Sache geritzt! Geben Sie zu, dass das ein preiswertes Arrangement ist."

Aimé Césaire[2]

So schlagen Experten des „schwarzafrikanischen Managements" unter dem Vorwand der Entkolonisierung und der Rückbesinnung auf die Werte der Afrikanität heutzutage allen Ernstes vor, moderne Unternehmen wie traditionelle Dörfer zu leiten. Ich will sofort klarstellen, dass man Spuren wirklichen traditionellen Denkens im Bereich der Arbeitswelt in diesen Theorien umsonst suchen würde. Dagegen stösst man in den Abhandlungen zu diesem Thema ständig auf das Missionsklischee vom trinkfreudigen, lustigen Schwarzen, der mehr an seinem Stamm hängt als eine „Muschel an ihrem Felsen" und der mehr mit Tamtams und religiösen Zeremonien beschäftigt ist als mit seinem Broterwerb. Wer jemals in einem afrikanischen Dorf gelebt hat, weiss jedoch, dass die Vorstellung vom steten Trommelwirbel auf dem Hintergrund eines Dolcefarniente ein exotischer

Mythos ist. In Wirklichkeit – und sei es die der Subsistenzwirtschaft – werden Eigenschaften wie die Lust am Wetteifern, Einsatz und Ausdauer bei der Arbeit sehr wohl geschätzt, ja sie gelten auf dem Land sogar als charakteristisch für Männer und Frauen, die sich ihrer Würde bewusst sind. In einem Dorf gibt es keine schlimmere Beleidigung für eine arbeitsfähige Person als den Vorwurf der Faulheit oder der Feigheit. Die Gründe für die zu geringe Produktivität im neueren Afrika brauchen also nicht in den traditionellen Werten der afrikanischen Kultur gesucht zu werden. Der wahre Grund ist vielmehr die Verweigerung der Entwicklung. Denn da man diese Werte nicht wahrnimmt und deshalb auch nicht versucht, sie in moderne Managementmodelle zu integrieren, die Afrika aus der Unterentwicklung herausführen könnten, erfindet man mystische Afrikaner, die antimaterialistisch veranlagt sind, dem Geld gleichgültig gegenüberstehen und allein von der Geborgenheit in der Gemeinschaft leben. Solche Thesen finden sich in den meisten von Afrikanern über die Entwicklung ihres Kontinents verfassten Büchern. Die implizite Argumentation lautet: „Da wir durch die Maschine, die der Kolonisator mitbrachte, unterworfen wurden, entfernen wir sie doch aus unserem kulturellen Umfeld, und alles wird wieder zur gewohnten Ordnung zurückkehren."

3. Das neue Antlitz des Sklavenhandels

Ohne lange Zeit zu verlieren, will ich einem Experten für afrikanisches Management das Wort erteilen. Das Ganze beginnt, wie üblich, mit Banalitäten über das Recht auf Andersartigkeit: „Die Aussage, wonach die Menschen verschieden sind, ist eine Selbstverständlichkeit (...) Ist es unter diesen Umständen möglich, ein Unternehmen, ein Ministerium oder einen Staat in New York, in Paris, Tokio, Neu-Dehli oder Abidjan nach den gleichen Grundregeln und mit den gleichen Mitteln führen zu wollen? Offensichtlich nicht."[3] Das stimme um so mehr, als „(...) die Afrikaner über Jahrzehnte hinweg von der Lohnarbeit als ‚der Arbeit der Weissen' gesprochen haben (...) und damit zum Ausdruck brachten, dass ‚ihnen diese Art von Arbeit in der aus dem Westen importierten Form nicht nur fremd war', sondern dass sie auch die – für die afrikanische Gesellschaft ganz neue – Besonderheit hatte, niemals aufzuhören."[4]

Durch diese Abneigung lasse sich erklären, dass „die verschiedenen Arten der importierten ‚Managementkulturen' über unser Verhalten hinweggeglitten sind wie ein Tropfen Öl über ein Maniokblatt".[5] Es sei also höchste Zeit, sich bewusst zu werden, dass „die Gefahr für das afrikanische Unternehmen darin besteht, dass es als ein aus Europa importierter, kalter mechanischer Ablauf betrachtet wird, der ausserhalb des warmen sozialen Gefüges steht, mit dem sich Afrikaner identifizieren können".[6] Denn „die Arbeit der Weissen, ‚die nie endet', schreckt den Afrikaner ab, weil sie die Routine verkörpert, jegliches Gefühl von Fröhlichkeit vermissen lässt und den Schwerpunkt auf Dauer und Kontinuität des Aufwandes legt (sic)".[7] „Das ist wie ein Schneckengewinde und alles in allem weit entfernt vom Geschmack und der Mentalität unserer Völker."[8]

Damit folglich „das Unternehmen innerhalb der afrikanischen Lebensweise nicht mehr als ‚Fremdkörper' empfunden wird, ist es unabdingbar, das Unternehmen wie ein Dorf zu betrachten".[9] Das Erfolgsrezept eines afrikanischen Managers „wird darin liegen, dass er sich wie ein traditioneller Chef verhält".[10] Denn „traditionellerweise existiert das Individuum in Afrika nur in und durch die Gruppe, der es angehört. Und die Solidarität entsteht nur unter einem Chef, der die Gruppe gleichzeitig führt und schützt."[11]

Die Afrikaner sind grosse Kinder, das ist wohlbekannt. Sie „sind seit dem zartesten Kindesalter an Hierarchie und an eine autoritäre Form von Macht gewöhnt, die an Führungspersonen gebunden ist". Daher sei derjenige ein guter Vorgesetzter (den man auch mit einem guten Vater gleichsetzt), „der seinen Leuten Arbeit gibt und sie bestraft, wenn sie einen Fehler gemacht haben, ihnen aber auch vergibt (man verstösst seine Kinder nicht, also entlässt man auch sein Personal nicht). Und ausserdem bleiben die eigenen Kinder immer die Kinder, auch wenn sie grösser werden (...), die Arbeitnehmer bleiben also auf Lebenszeit an ihrem Arbeitsplatz."[12]

Der afrikanische Angestellte ist – stets nach dieser Darstellung – nicht nur seinem Wesen nach ein unreifer Arbeitnehmer, sondern er misst darüber hinaus dem Geld keinerlei Bedeutung zu. Das ist ein enormer Vorteil: „Lebensqualität und das Bedürfnis, sich Zeit zu lassen, sind wichtiger, als um jeden Preis Reichtum anzuhäufen. Und der Wunsch, ein gutes Verhältnis zu anderen zu unterhalten, ist wichtiger als das Geld."[13] Die afrikanischen Arbeitnehmer „arbeiten, um zu leben, sie leben nicht, um zu arbeiten".[14] Und tatsächlich „gibt es überall reichlich Beweise, dass Geld zugunsten von ‚Wohlbefinden' abgelehnt wird".[15]

Die „in Zahlen ausgedrückten Leistungen werden von

den Afrikanern nicht wirklich geschätzt". Dagegen begrüssen sie sogar, was ihnen finanziell zugemutet wird: „Wenn man die grossen Abstände bedenkt, die in Afrika zwischen Angehörigen der verschiedenen sozialen Schichten existieren, bemerkt man, dass die Menschen alles andere als schokkiert darüber sind. Sie begrüssen es sogar, dass offensichtliche Statusunterschiede zwischen denen, die oben, und denen, die unten sind, manifest werden. Die Rangunterschiede werden nicht nur geduldet, sondern von den Untergebenen sogar selbst angestrebt. Die äusseren Attribute dieser Rangunterschiede (Auto, Büro, Villa, Ehefrau, Ausdrucksweise und Beziehungen) tragen zur Achtung gegenüber dem ‚Chef' bei."[16] Daher müsse ein afrikanischer Manager, der nicht verwestlicht und sich selbst entfremdet ist, keinerlei Skrupel dabei empfinden, wenn er „die Tatsache als Chance nutzt, dass der Klassenkampf in seinem Land unbekannt ist und die Gewerkschaften sich auf eine moderate, ja sogar auf subtile Weise unterwürfige Haltung zu beschränken wissen".[17] Der Panafrikanismus sei lediglich eine Erfindung völlig sich selbst entfremdeter Afrikaner, „denn die meisten Bürger eines Landes haben einen für die gesamte Nation einheitlichen Charakter, der für Ausländer deutlicher hervortritt als für sie selbst". Folglich sei es bedauernswert, dass „der Reichtum der traditionellen politischen Systeme Afrikas seit 1960 durch politische Führer verborgen wird, denen mehr an dem gelegen ist, was dem afrikanischen Denken gemeinsam ist, als an dessen Vielfalt".

Im folgenden werde ich zeigen, dass „die übergrosse Vielfalt der afrikanischen Kulturen" einer der Hauptgründe für die Gründerväter der OAU war, um den Einheitsplan

N'Krumahs zu torpedieren. Doch zuvor möchte ich betonen, dass sich das schwarzafrikanische Managementmodell nur mittels Tribalismus und Denunziation hält, denn, sagt Henry Bourgoin, „es ist nicht unbedingt ein Führungsfehler, wenn man Schlüsselpositionen mit Mitgliedern seiner eigenen Familie besetzt".[18]

Wer jemals in einem Unternehmen, das von einem „Schwarzafrikaner" geleitet wurde, gearbeitet hat, weiss, was „parallele Hierarchie" bedeutet: Ein einfacher Bürodiener kann auf diese Weise unter Umständen die berufliche Zukunft eines Angestellten bestimmen, der in der Hierarchie theoretisch über ihm steht. Da die meisten afrikanischen Unternehmen nach diesen „Rezepten" geleitet werden, wird man ohne weiteres verstehen, dass die Unterentwicklung Afrikas kein Zufall ist und warum einige afrikanische Länder sogar gefährlichen Gift- oder Hausmüll aus Übersee akzeptieren, nur um des Geldes willen. Dieses afrikanische Management erklärt auch, weshalb sich der Westen überhaupt nicht anzustrengen braucht, um Schwarzafrika überlegen zu sein.

Klar ist, dass kein Unternehmen, kein Ministerium und kein Staat der Erde, und hätte er noch so viele diplomierte Kader, auf der Grundlage eines solchen Führungsmodells funktionieren kann. Es ist hingegen gar nicht so sicher, dass der Afrikaner, wenn er innerhalb des Unternehmens richtig motiviert würde, weiterhin unbeirrt den Taufen, religiösen Festen, Beerdigungen, Hochzeiten und anderen gesellschaftlichen Anlässen auf Kosten seines Broterwerbs den Vorzug gäbe. Diese Starrköpfigkeit, sich wie ein Herdentier zu verhalten, lässt sich nur dadurch erklären, dass die Lohnarbeit in Afrika eben gerade nicht Mittel zum Broterwerb ist. Denn der Afrikaner ist zwar im Vergleich zu den Lebenshaltungskosten unterbezahlt, im Vergleich zu dem, was er leistet, ist er jedoch überbezahlt. Er läuft also in keiner Weise Gefahr, in „kalten Arbeitsabläufen" zu verkümmern, sondern er riskiert, von der Karte der Menschheit gestrichen zu werden – weil er von fremder Hilfe abhängig ist, die seine mangelnde Produktivität ausgleicht. In der Tat sind es die afrikanischen Unternehmen, die das wirkliche Ausmass des stets beklagten Imperialismus und Neokolonialismus aufzeigen: Bestenfalls erscheinen diese als negative Begleitumstände; schlimmstenfalls als Druckmittel, die der Westen nicht einmal einsetzen muss, da die Logik der Unterwerfung in Schwarzafrika so ausgeprägt ist. Ist diese psychologische Dimension der Unterentwicklung in den Berichten der internationalen Experten der Entwicklungshilfe enthalten?

4. Die verheerenden Folgen der „Vetternwirtschaft"

Die afrikanische Solidarität und der Gemeinschaftssinn, über den sich die Gebildeten mokieren, werden allzu oft als natürliche Veranlagung des Schwarzen zur Nächstenliebe erklärt. Es empfielt sich eine genauere Betrachtung dessen, was sich hinter dieser Behauptung tatsächlich verbirgt.

Die Erfahrung zeigt, dass die Zusammenkünfte der Grossfamilien und andere gesellschaftliche Ereignisse, die das Wirtschaftsleben in Afrika lähmen, weniger den Sinn haben, die Gemeinschaft zu pflegen, sondern vielmehr ein Mittel darstellen, um finanzielle Engpässe zu überwinden. Diese bekannte Tatsache stellt die gegenseitige Hilfsbereitschaft in Afrika nicht in Abrede. Allerdings verliert diese Solidarität, die immer weniger ein Geben und Nehmen ist, unter dem Druck geradezu absurder politischer Massnahmen der Produktion und der Verteilung der nationalen Güter nach und nach ihren Sinn. Es mag ja sein, dass „die Einstellung des Afrikaners gegenüber der Notwendigkeit und der Funktion von Arbeit von der des Westens abweicht", aber seine angebliche Verachtung für die materiellen Dinge ist ein Mythos, der durch die folgende Äusserung eines berühmten Wirtschaftsexperten erhellt wird: „Nicht alle Bewohner eines ‚armen' Landes sind arm, weit gefehlt. Die Unterschiede zwischen Stadt und Land sowie zwischen den herrschenden Eliten und den beherrschten Bevölkerungsgruppen sind so ausgeprägt, dass die Reichen der armen Länder viel reicher sind als die Reichen der reichen Länder. (...) Der Beginn des Wachstums in einigen exportorientierten Industriebranchen verstärkt diese Verzerrungen noch."[19]

Der Begriff der proletarischen Nationen muss also ernsthaft relativiert werden, will man verstehen, wie ein Zustand der Armut aufrechterhalten wird, der heute in zahlreichen afrikanischen Familien die Geldbesitzer in wahre Despoten verwandelt, die auch noch verehrt werden. Wer immer in Afrika schon einmal arbeitslos war, weiss, wie sehr die berühmte afrikanische Solidarität vor allem dazu dient, das soziale Ansehen dieser wohlhabenden Verwandten aufzublasen. Sie lassen dich nicht nur herablassend warten, bis du fast die Geduld verlierst, ehe sie dir widerwillig ein paar kleine Scheine geben; sie nutzen auch noch jede Gelegenheit, um sich mit ihren „gewaltigen" familiären Pflichten zu brüsten. Die Realität der Solidarität zeigt ein noch tristeres Bild: Die Jugendlichen aus dem Dorf, die in die Stadt geschickt werden, um dort zur Schule zu gehen, und die bei einem Onkel, einer Tante, einem Bruder oder einem Cousin unterkommen, schlafen in der Küche, essen nach allen anderen und haben denn auch Mühe mit dem Schulbesuch, selbst wenn dieser nichts kostet. Die Jungen haben es dabei etwas besser als die Mädchen, deren schulische Ausbildung durch Schwerarbeit im Haushalt der Verwandten fast verunmöglicht wird. Oft genug sparen sich diese durch die Aufnahme einer Nichte oder Cousine vom Land den geringen Lohn für eine Hausangestellte. Nicht wenige verwaiste Kinder in Afrika führen auf diese Weise ein regelrechtes Hundeleben. Diese Tatsache wird durch eine abscheuliche soziale Heuchelei verschleiert.

Nun sollen jedoch die sozialen und wirtschaftlichen Grundlagen der afrikanischen Solidarität, für die es selbstverständlich keine genetische oder rassische Basis gibt, auf einer allgemeineren Ebene untersucht werden. Ohne übermässige Zugeständnisse an den historischen Materialismus der Marxisten zu machen, darf man wohl behaupten, dass sich die traditionelle gegenseitige Hilfe in Afrika aus der rudimentären Beschaffenheit der Produktionswerkzeuge erklärt. Schon Ibn Khaldun sagte im 14. Jahrhundert, dass „die Unterschiede in den Bräuchen und Institutionen der verschiedenen Völker von der Art und Weise abhängen, wie sie für ihren Lebensunterhalt sorgen."[20] In einer Gesellschaft, in der die Muskelkraft fast das einzige Produktionsmittel ist, bleiben die Verwandten, die Nachbarn, die Grossfamilie und alle, die derselben Herkunft sind, noch das beste System der Sozialversicherung. Auch wenn es den zahlreichen Anhängern von Tempels missfällt: Die „Lebenskraft der

Schwarzen“ spielt dabei überhaupt keine Rolle. Um zu verstehen, worum es hier geht, muss man also keineswegs auf die These vom Sittenverfall in den Industrieländern oder auf eine zweifelhafte ontologische und moralische Überlegenheit des Schwarzen zurückgreifen: Die Maschine läuft nicht von allein.

Statt das Schreckgespenst der Industrialisierung und andere Albernheiten an die Wand zu malen, durch die „das warme soziale Netz zerstört wird“, und statt die Afrikaner glauben zu machen, ihre Bodenschätze und kulturellen Heiligtümer seien in Gefahr, sollten afrikanische Experten die traditionellen Werte einmal ausmisten und die brauchbaren resolut in den Mittelpunkt des Kampfs für die Entwicklung stellen. Die Tradition hat ihren Platz nicht im Museum, ihre historische Aufgabe ist vielmehr, treffende Antworten auf die Herausforderungen zu geben, denen sich jede lebendige Kultur stellen muss. Afrika ist voller zivilisatorischer Werte, die dem Kontinent helfen können, jene Aufgaben zu lösen, die sich einer Gesellschaft auf dem Weg zur industriellen Entwicklung stellen. Für eine verantwortungsbewusste afrikanische Solidarität gäbe es dabei ein interessantes Betätigungsfeld. Denn es ist nicht sicher, ob das für die afrikanische Gesellschaft typische klebrige und alles erstickende Schmarotzertum besser ist als die kühlen zwischenmenschlichen Beziehungen in den Industrieländern. In Tat und Wahrheit ist die traditionelle afrikanische Solidarität am Verschwinden, weil sie nur den Interessen der einzelnen Völker diente, und zwar zu einer Zeit, als es in Afrika dringend nötig gewesen wäre, durch neue soziale Zusammenhänge bessere Grundlagen für den wirtschaftlichen Wohlstand der Menschen zu schaffen. Der traditionelle Humanismus und die traditionelle Gastfreundschaft wurden durch eine unerträgliche und wertlose Humanitätsduselei ersetzt. Es fällt um so leichter, an der Ampel vom Auto aus Almosen an Bedürftige zu verteilen, als die soziale und kulturelle Feigheit, die in Afrika vorherrscht, kaum zu tiefgreifenden und nutzbringenden Veränderungen anregt. Es ist halt bequemer, auf der Strassenkreuzung zu betteln, als die Gesellschaft aufzufordern, eine Politik zu formulieren, die Arbeit schafft und die Bevölkerung dazu bewegt, sich in produktive Tätigkeiten zu integrieren.

Die schwindelerregende Kluft zwischen den Einkünften der Reichen und der Armen, von der Albertini zur Differenzierung des Begriffs der proletarischen Nationen spricht, genügt nicht einmal, um die ideologischen Abläufe des Fortbestehens der Armut im heutigen Schwarzafrika deutlich zu machen. Zur Verfeinerung der Analyse muss man den entscheidenden Begriff der Scheinarmut miteinbeziehen. Diese offenbart sich in der ausgeprägten Neigung scheinbar mittelloser Bevölkerungen, ihr Einkommen in vergängliche und kostspielige Kollektivveranstaltungen zu investieren, nur um die Fortdauer der Traditionen in den Stadtrandbezirken und den ärmsten Teilen der urbanen Zentren zu sichern. Dieses bekannte Phänomen ist schon oft in sozialkritischen Romanen afrikanischer Autorinnen angeprangert worden. Unerwähnt bleibt, dass diese Feste, bei denen der Gegenwert eines mittleren Jahreseinkommens an einem Tag „verschwendet“ wird, ihre tiefere Bedeutung erst in dem allgemeinen Zusammenhang des Widerstandes gegen die Verwestlichung bekommen. Die moderne Vetternwirtschaft wird von einer intellektuellen Rhetorik rund um die afrikanische Identität verteidigt und unterstützt, die aus dem Geld das bevorzugte Mittel für die Bewahrung der Traditionen macht: Die enormen Summen, die an die Griots[21] und Zauberer während einer Zeremonie verschleudert werden, dienen, wie man weiss, nicht dazu, die Produktion von dringend benötigten materiellen Gütern anzukurbeln, sondern sollen einen kulturellen Narzissmus verstärken, der auf allen Ebenen der Gesellschaft begrüsst wird. Das Kulturelle konkurriert ganz deutlich mit der Wirtschaft und bereitet dieser eine vernichtende Niederlage. So wird der ganze Spargroschen eines Neugeborenen innerhalb eines Tages im Freudentaumel ausgegeben. (Zur Taufe oder Namensgebung bringen die Eingeladenen Geld für den Täufling mit, woraus sich oft respektable Summen ergeben. Anm.d.Ü.) Dagegen bleibt die Schaffung eines gemeinsamen Sparkapitals für gewinnbringende Investitionen im heutigen Afrika eine Ausnahme – ausser in Ländern, in denen das System der „Tontine“[22] das Startkapital für ein kleines Unternehmen liefern kann. Die „kulturelle Verwurzelung“ erfüllt hauptsächlich die Funktion, den Zustand der Not zu zementieren, und offeriert als Trost Schmeicheleien, die für das gebeutelte und gedemütigte Afrika unabdingbar sind.

Oft genug kommt es in der Tat vor, dass afrikanische Länder, die zu den ärmsten Entwicklungsländern gehören, auf dem Höhepunkt der wirtschaftlichen Krise die Verminderung der ausländischen Hilfe anprangern und gleichzeitig Millionen ausgeben, um der Tapferkeit eines Widerstandshelden gegen die Unterwerfung durch die Kolonialmächte zu gedenken. Oder erinnern wir uns daran, dass Zaire 1972

Milliarden für Personalausweise ausgegeben hat, damit sich Gontran-Boniface-Méthode zukünftig Wapoumpoum Ba Pumpum nennen konnte.[23] Man könnte hier den Ausspruch eines Journalisten zitieren, der in bezug auf den Karneval von Rio gesagt hat: „Die Not eines Volkes lässt sich am Glanz seiner Feste messen." Wobei die Not in Afrika auch eine intellektuelle Not ist. Da die Vorstellungen der Intellektuellen von afrikanischer Identität mit denen der Massen völlig übereinstimmen und weil nach gemeinsamer Übereinkunft der kulturelle Widerstand über das wirtschaftliche Wohlergehen gestellt wird, muss man annehmen, dass die Not von den Schwarzafrikanern selbst aufrechterhalten wird. Die Vetternwirtschaft wird also weiterhin ihre verheerenden Folgen haben. Zu glauben, der Personalabbau bei der öffentlichen Hand und die Privatisierung der Unternehmen (um hier nur zwei Beispiele der gesamten Massnahmen zu nennen, die – zum Beispiel vom Internationalen Währungsfonds – zur Gesundung der afrikanischen Wirtschaft empfohlen werden) würden eine Änderung herbeiführen, wäre naiv: Je mehr sich die wirtschaftliche Lage verschlechtern wird, desto mehr wird man sich an das Opium der angeblich im Schwinden begriffenen „afrikanischen Werte" klammern – und an den Fussball, der sich vorzüglich eignet, die Massen und vor allem die Jugend einzulullen und abzulenken.

Die afrikanische Jugend muss sich im klaren sein, dass ihre Zukunftschancen in dem Masse schrumpfen, wie Afrika den Kehrreim von der Rückkehr in den Schoss der Ahnen beschwört. Die afrikanische Jugend, die nichts zu verlieren hat, weiss aus Erfahrung, dass man den Stolz auf die eigene Kultur nicht essen kann. Und der materielle Wohlstand lässt sich nur über Produktivität, Erfindungsgeist und Gewerkschaftskampf erobern, auch wenn dies den Ideologen vom „sorglosen- Schwarzen -der-keine-Angst-vor-der-Zukunft-hat-und-dem-Geld-unwichtig-ist“ nicht gefällt. Es gibt kein Land, keinen Erdteil auf der Welt, die ihre Bevölkerungen mit Hilfe von Zauberern ernähren könnten, die das „Geld vermehren“[24], oder – um es auf moderne Art auszudrücken – mit Hilfe der Kreditgeber, wie die „Zauberer“ im Westen und in den arabischen Ländern heissen. Im Gegensatz zu manchen Aussagen ist allgemeine Armut keine gute Voraussetzung für das Glück. Die Afrikaner sollen nicht eng aufeinander leben müssen, nur weil sie Angst haben vor einer Industrialisierung, welche angeblich die sozialen Bindungen zerstören würde. Im übrigen macht sich Afrika etwas vor, wenn es glaubt, es könne seine kulturellen Werte „bewahren“, indem es sich von der Aussenwelt abkapselt. Da Afrika im Moment auf diesem Weg beharrt, vertieft es die Kluft zu den Industrieländern zusätzlich. Und just mit dieser Kluft werden da und dort auch schon bedauerliche Rückfälle in die Zeit vor der Unabhängigkeit ideologisch gerechtfertigt. Für die afrikanische Jugend, deren Zukunft in aller Regel die Arbeitslosigkeit ist, muss also klar sein, dass die Überlebensfähigkeit einer Kultur heutzutage von ihrer Fähigkeit abhängt, ständig die kreativen Strömungen der gesamten Welt in sich aufzunehmen und gleichzeitig dem kreativen Geist der Welt eigene Energien einzuflössen. Das heutige Afrika aber meint, dass gerade seine Traditionen zur Entwicklung führen werden, und zwar nicht nach dem Beispiel Japans, sondern wie durch ein Wunder. Was davon zu halten ist, werde ich im folgenden Kapitel darstellen. Wenn man gewisse Aspekte des Sklavenhandels und der Kolonisation genauer ansieht, erkennt man jedenfalls, dass unsere Widerstandshelden – verglichen mit dem japanischen Bushi oder dem Shogun – oftmals nur einen sehr unwichtigen Platz in der Entwicklung des modernen Afrika verdienen.[25]

Dritter Teil

Plädoyer für ein Afrika ohne Komplexe

14. Kapitel

Kimonos, Samurais und technische Massenkultur

„Die neuere Geschichte Afrikas ist ganz natürlich aus der antiken Geschichte Afrikas entstanden, und (...) ohne diese Hypothese ist sie nicht zu erklären."

Basil Davidson[1]

Die Lehren aus einem missglückten Kolonisationsversuch

Japan, so hört man oft in den Kreisen der afrikanischen Intellektuellen, sei niemals kolonisiert worden und habe seine Traditionen beibehalten können. Das ist eine lückenhafte Argumentation eines gedemütigten Bewusstseins, das von der Geschichte und von Auslandsreisen lediglich die folkloristischen Aspekte im Gedächtnis behält. Denn die eigentliche Frage lautet: Warum ist Japan nicht kolonisiert worden? Das verführerische, aber falsche Klischee eines bis zum Angriff auf Pearl Harbor von der Aussenwelt abgeschnittenen Volkes umgeht diese Frage, deren Beantwortung einiges erklären kann: Als „die Portugiesen, bald gefolgt von Engländern, Holländern und Franzosen sich auf der Suche nach Christen und Gewürzen über die Ozeane wagten", war Japan nämlich genau wie Afrika von blutigen inneren Kriegen zerrissen. Durch den Kontakt mit den Europäern entstand in Japan ein verstärktes Bewusstsein der eigenen Identität.

das im 16. Jahrhundert alles andere als selbstverständlich war. In Afrika dagegen verstärkte das Zusammentreffen mit den Europäern bereits bestehende Stammesfehden und läutete den Beginn des Untergangs eines Kontinents mit einer bis dato glänzenden Vergangenheit ein. Dies sollte zu denken geben. Und wenn dieser Vergleich auch auf den ersten Blick wegen der unterschiedlichen Grösse der Territorien ausgefallen erscheinen mag, so bleibt er doch stichhaltig in bezug auf die Mentalitäten: Manche Kulturen erliegen leichter den Dominierungsversuchen ausländischer Mächte als andere. Und genau das zeigt der Vergleich zwischen den japanischen und den afrikanischen Begegnungen mit dem Westen.

Die Afrikaner stört in der Regel jeglicher Vergleich zwischen ihrem Kontinent und Europa oder anderen Teilen der Welt, ausser man vergleicht Masken oder menschliche Wärme. Das ist wohl etwas dürftig. Weil sich die Afrikaner solchen Vergleichen immer wieder entziehen und sie zu umgehen suchen, hat man fast vergessen, dass „in Afrika die Wiege der Menschheit stand", dass die ersten politischen Systeme auf seinem Boden entstanden sind etc.[2] Die mittelalterlichen Kulturen Afrikas sind hinreichend bekannt, sie legen Zeugnis ab vom kreativen Geist der frühen Afrikaner und beweisen ihre Fähigkeit, Nutzen aus der Berührung mit anderen Zivilisationen zu ziehen. Dies gilt bis zur zweiten Hälfte des 17. Jahrhunderts. Das präkoloniale Afrika überrascht in der Tat durch sein hohes Mass an Selbstvertrauen und durch den Willen seiner Völker, im Laufe ihrer ausgedehnten Wanderungsbewegungen sich Kenntnisse für ihr Weiterkommen anzueignen. So haben die Bantu von ihren

Nachbarn, den Kuschiten, landwirtschaftliche Techniken und die Viehzucht übernommen, deren Beherrschung zunächst zu einer soziotechnischen Revolution und dann zu der Errichtung von mächtigen soziopolitischen Systemen führte. Die Errungenschaften, die das mittelalterliche Afrika seinen Kontakten mit der arabischen Welt verdankt, sind hinreichend bekannt. „Seit dem ersten Jahrhundert unserer Zeitrechnung", schreibt Obenga, „wurden Handelsbeziehungen zwischen der Ostküste Afrikas, Arabien und Indien geknüpft."[3] Sehr viel später fand man chinesisches Porzellan in den Ruinen des Monomotapa-Reiches. Davidson überliefert, dass die Südostküste Afrikas vom 12. Jahrhundert an in grossen Mengen Eisen nach Indien exportierte. Etwas später, im 13. Jahrhundert, trugen die Offiziere von Sundiata Kettenhemden auf den Schlachtfeldern. „Im 16. Jahrhundert" war der wirtschaftliche Aufschwung in Afrika so weit gediehen, dass „spanische Truppen, die in den Niederlanden in Garnison lagen, in Gold gezahlt wurden, das vor allem aus dem Transsahara-Handel Westafrikas stammte."[4]

Fast zwei Jahrhunderte nach der ersten Begegnung mit den Europäern waren die Afrikaner immer noch stark genug, um mit ihnen gleichberechtigt verhandeln zu können. Laut Basil Davidson traf dies bis ungefähr 1680 zu. Doch „Schritt um Schritt", so schreibt er, „diktierte Europa wegen des technologischen Vorsprungs diese Vereinbarungen mehr und mehr. An der Westküste entstanden neue Regierungsformen, die zwar alle unabhängig blieben, sich aber immer stärker bedroht fühlten. (...) Das Gefühl der Bedrohung war übrigens berechtigt: Die Zeit der Unterentwicklung hatte bereits begonnen."

Beispielsweise war der technologische Vorsprung der Europäer auch der Grund für die Niederlage Samory Tuses[5] im Jahre 1898, als die Franzosen ihn auf seinem eigenen Gebiet überwinden konnten. Die von den Aschanti 1824 besiegten Engländer andererseits brauchten mehrere Jahrzehnte, um jene letztlich zu unterwerfen. Die Beispiele von wirtschaftlich-technischer Dynamik und vorerst erfolgreichem Widerstand gegenüber dem Eindringling beweisen, dass die Westküste Afrikas, entgegen der herrschenden Vorurteile, zumindest bei der Ankunft der Europäer alles andere als ein wehrloses, unbedeutendes Gebilde war. Die Frage ist indessen nicht nur, warum die Afrikaner damals besiegt wurden, sondern warum sie heute so leicht zu rekolonisieren sind.

Wir haben schon gesehen, dass nicht nur Afrikaner interne Streitigkeiten austrugen, das taten auch andere. Der feine Unterschied liegt darin, dass man anderswo „seine dreckige Wäsche *en famille* wusch", während die innerafrikanischen Streitigkeiten gewissermassen internationalisiert und oft dadurch gelöst wurden, dass man seine Feinde oder Gegner als Sklaven in eine transatlantische Plantage schickte. Dagegen ist kein Fall eines Japaners bekannt, der als Sklave an die Europäer verkauft worden wäre, obwohl es damals blutige Kriege zwischen japanischen Lehnsherren, Familienklans, Buddhisten und Schintoisten gab. Im 16. Jahrhundert lag die Einheit Japans noch in weiter Ferne. Wie die Afrikaner benutzten auch die Japaner die Europäer für ihre Zwecke, vor allem für den Ausbau von Machtstellungen und zur Regelung interner Streitigkeiten. Verträge zwischen Einheimischen und Ausländern mit dem Ziel der Unterwerfung anderer Einheimischer waren in beiden Fällen an der Tagesordnung. Wie in Afrika breitete sich auch in Japan die christliche Religion aus. Aber die Japaner fingen sich sehr schnell wieder, massakrierten die Katholiken und verwiesen die Überlebenden im Namen eines Interessenkonfliktes zwischen In- und Ausländern des Landes. Die protestantischen Holländer, die meinten, von dieser Gelegenheit profitieren und die vormalige Stellung ihrer katholischen Konkurrenten einnehmen zu können, wurden auf einer künstlichen Insel einquartiert, und es wurde ihnen untersagt, ihre Religion auszuüben.

Beide, Japaner und Afrikaner, stellten einen bemerkenswerten wirtschaftlichen Opportunismus unter Beweis, indem sie ihre Produkte auf europäischen Schiffen in andere Kontinente transportierten. In Japan jedoch ging der Handelsopportunismus mit einer wissenschaftlichen Neugier einher, die in Afrika fast völlig fehlte oder so unbedeutend war, dass sie die Bevölkerungen nicht beeinflusste. War diese Einstellung atypisch für die afrikanischen Völker, die doch im Laufe ihrer Geschichte offensichtlich nie gezögert hatten, die Errungenschaften ihrer jeweiligen Nachbarn in ihr eigenes Kulturgut zu integrieren? Darauf müssen die Historiker eine Antwort finden. Als Nagasaki dem Jesuitenorden abgetreten wurde, der dort ein Monopol für den Seidenhandel aufbaute, hatten jedenfalls die Europäer schon Handelskontore und kleine Forts an Afrikas Küsten eingerichtet. Sie „bezahlen wie in Japan die lokalen Herrscher für die Besetzung ihrer Gebiete und den Handel, den sie dort abwickeln". Sehr schnell entwickelte sich in den Küstengebieten eine handeltreibende afrikanische Bourgeoisie. In seinem gut dokumentierten Buch zitiert Davidson zahlreiche Vertreter dieser neuen sozialen Klasse. So importierte etwa ein gewisser John Claessen Gewehre und exportierte Gold von der Goldküste aus. „Er verfügte", schreibt der Historiker, „über eine Flotte von Kriegspirogen und 2000 Musketiere. Andere machten es ihm nach." So auch ein gewisser John Kabes, der seine Macht den Verträgen mit den Holländern und dann mit den Engländern verdankte. Er betrieb viele Geschäfte gleichzeitig und besass insbesondere lukrative Meersalinen. Ein anderer Handelsherr, John Konny, hatte noch grösseren Erfolg und musste gegen eine englisch-holländische Koalition ankämpfen, um seine Monopolstellung an der Küste aufrechtzuerhalten. Dieser sozialen Klasse gehörten viele Männer an: Der ganze Handel nach Übersee wurde von ihnen abgewickelt, und das Handelsvolumen war beträchtlich, berichtet Davidson. Andere Küstengegenden wie Senegal und Gambia kannten eine ähnliche Entwicklung, die gekennzeichnet war vom Aufstieg „einer neuen wohlhabenden Klassc von Zwischenhändlern afrikanischen oder afro-europäischen Ursprungs, deren Reichtum zunahm und der scheinbar die Zukunft gehörte".

Diese Beispiele zeigen, wie wenig das Klischee eines Afrika, das von Anfang an aufgrund seiner Schwäche und Unwissenheit zur Sklaverei verdammt war, mit der historischen Wahrheit übereinstimmt. Die Geschichte des Zusammentreffens zwischen Afrikanern und Europäern gegen Ende des 15. Jahrhunderts unterscheidet sich vollständig von derjenigen, die in der zweiten Hälfte des 19. Jahrhunderts mit dem Eindringen der Europäer in das Landesinnere begann. Denn als die Europäer unter dem Vorwand, die Anwendung des Gesetzes über die Abschaffung des Sklavenhandels überwachen zu müssen, zurückkamen, um ihre Handelskontore wieder in Besitz zu nehmen, war Afrika schon völlig ausgeblutet. Das war im 16. Jahrhundert nicht der Fall gewesen. Zu jener Zeit war Afrika stark und durchaus in der Lage, sich zu verteidigen. Es ist kein Zufall, dass der Sklavenhandel gerade damals seinen Anfang nahm: Er konnte sich entfalten, weil „die Sklaverei in zahlreichen westafrikanischen Gesellschaften bereits existierte, die vom Zeitpunkt an, da sie sich in hierarchischen Systemen und in Monarchien organisierten, Sklaven brauchten für ihre Kriege, für die Arbeit auf den Plantagen und für ihre persönliche Bedienung etc. (...) Die schwarzen Chefs selbst organisierten den Sklavenhandel im Inneren des Kontinents. Die Rolle der Europäer war es, den Export nach Übersee von der Küste aus zu ermöglichen, um der ständig steigenden Nachfrage zu genügen und aus dem Sklavenhandel einen eigentlichen Markt zu machen."

Die lange Erfahrung des Handels mit dem Ausland schweisste die Afrikaner nicht zusammen, sondern trennte sie zunehmend und führte allmählich zu einer Unterwerfung aller Afrikaner. Das ist der Tribut aus dem jahrhundertealten Tribalismus, den Afrika zahlen muss und aus dem es immer noch keine Lehren gezogen hat.

Die Geschichte der Kontakte zwischen Europäern und Japanern einerseits, Europäern und Afrikanern anderseits weist anfangs viele Parallelen auf. Drei Faktoren spielten die entscheidende Rolle bei dem folgenden Niedergang Afrikas: das Fehlen wissenschaftlicher Neugier, das Fehlen eines allgemeinen schriftlichen Umgangs und das Fehlen eines Bewusstseins gemeinsamer Identität.

Die Geschichte Afrikas ist geradezu charakterisiert durch eine generelle Verweigerung oder eine kulturelle Unfähigkeit, Bedingungen für eine gemeinsame Identität zu schaffen. Die Geschichte zeigt, dass „Afrika vor der Bildung der Nationalstaaten keinerlei psychologische Bedenken gegen das Anwerben von Menschen hatte", auch nicht gegen den Verkauf von Menschen an die europäischen Sklavenhändler. Heute aber gilt es vor allem, einen Weg zu finden, wie der jahrhundertealte Hass der Afrikaner auf ihresgleichen überwunden werden kann. Denn kann man sich grössere Erniedrigungen vorstellen als Sklavenhandel, Kolonisierung und die unerträgliche Mittelmässigkeit, die zur Zeit in Afrika vorherrscht? Müsste das die Afrikaner nicht von sich aus zu neuen Einstellungen motivieren, damit sie wieder respektiert werden könnten? Dass es den Herrschern des berühmten Reiches Mali trotz seiner Grösse und seiner Macht nicht gelang, ein gemeinschaftliches Bewusstsein unter den verschiedenen Völkern zu schaffen, die ihm angehörten; dass das mächtige Reich Songhai sich in Tondibi einem Söldnerheer des marokkanischen Sultans el Mansur unter dem Befehl eines spanischen Eunuchen namens Djuder Pacha ergeben musste[6]: Müssten diese Beispiele die heutigen Afrikaner nicht herausfordern, sich Fragen zu stellen in bezug auf ihre Geschichte, ihr Bewusstsein, ihre Haltung?

Wie lässt sich erklären, dass die politischen Führer Afrikas im Jahre 1963, bei der Gründung der OAU, über die Jahrhunderte hinaus dieselbe verhängnisvolle Haltung ihrer Vorgänger einnahmen, indem sie ihre Bindungen zum Ausland verstärkten, das sie doch ihren eigenen Aussagen zufolge so sehr erniedrigt hatte? Aus welchem Grund nahmen diese Männer Verträge zur wirtschaftlichen Zusammenarbeit mit dem Ausland zum Vorwand, die innerafrikanische Solidarität, die ihrem Kontinent schon immer schmerzlich gefehlt hat, erneut zurückzuweisen? *Wann werden die Afrikaner endlich aufhören, sich gegenseitig zu verachten und zu verkaufen?*

Die Geschichte Afrikas ist eine Folge von Widersprüchen zwischen den positiven Auswirkungen einer inneren Expansionspolitik und dem beharrlichen Festhalten an den ursprünglichen Formen des Identitätsbewusstseins. Denn womit lässt sich die Stagnation eines Kontinents erklären, der bis zum Mittelalter an allen technologischen Neuerungen der Menschheit aktiv teilgenommen hat, wenn nicht mit dem hartnäckigen Festhalten an verschiedenen Formen von Identitätsbewusstsein, die der Verbreitung von Wissen hinderlich sind. „Selbst in einem Reich wie Mali drückte sich der Mangel an Fahrzeugen und bürokratischer Verwaltung sowie der ausdrückliche Wille der Regierung, der Basis mehr Autonomie zuzugestehen, in den Dörfern so aus, dass der grösste Teil des wirklichen Lebens sich ausserhalb des Staates abspielte."[7]

Ein letztes Wort zu diesem Thema: Es ist bekannt, dass einige präkoloniale Gesellschaften Afrikas sehr wohl eine Schriftsprache besassen. Anscheinend hatte die Schrift überall dort, wo es sie gab, einen esoterischen oder magischen Charakter, was ihre Verbreitung verbot. Selbst heute noch bleibt in den Dörfern das Wissen einem kleinen Kreis Privilegierter vorbehalten. Und wie im 16. Jahrhundert wird auch heute materieller Reichtum von einer Handvoll „Geschäftsmänner" oder Politiker für sich beansprucht, die unfähig sind, Gesellschaftssysteme zu entwickeln, in denen sich diese Privilegien auch auf breite Volksmassen ausdehnen könnten. So erklärt sich in Afrika heute wie gestern der zunehmende Widerstand gegen die Aneignung technologischer Kenntnisse aus einem erstarrten Bewusstsein. Dies wiederum verhindert neue Denkansätze, die zur Lösung der sozialen Probleme und damit zu einer Veränderung der Lebensbedingungen der Bevölkerungen führen könnten. Um es noch einmal zu sagen: Es gibt in Afrika keine kulturelle Entfremdung, sondern eher ein seltsam stures Beharren auf selbstmörderischen Haltungen, die das einzige Verdienst haben, das Überleben der „echten Afrikanität" zu garantieren.

Bekanntermassen besteht ein Zusammenhang zwischen der Geschichte des Niedergangs Afrikas und dem Verschwinden der wissenschaftlichen Neugier in diesem Kontinent sowie der Unfähigkeit, das Wissen an breite Bevölkerungskreise weiterzugeben – obwohl die Entwicklung in der Welt dies dringend erfordert hätte. Davon ausgehend kann man ermessen, wieviel die Afrikaner doch gewinnen könnten, verlören sie nur ihren technologischen Minderwertigkeitskomplex und hörten sie bloss auf, die Wissenschaft als Sache der Weissen zu betrachten. Aber zahlreiche Faktoren weisen darauf hin, dass sich diese Wiedereingliederung in die dynamische Geschichte der Menschheit nicht ohne Schwierigkeiten abspielen wird. Das eigentliche Problem besteht darin, Strategien zu einer radikalen Bewusstseinsveränderung zu finden. Im Unterschied zu den Japanern scheint nie ein Afrikaner von den Kontakten mit den Europäern profitiert zu haben, um zum Beispiel Schiffe zu bauen. Weder Afrika noch Japan zeichnete sich im Mittelalter durch ein Bestreben nach sozialer Gerechtigkeit aus, aber die Kaste der Wissenschaftler in Japan hat über die Jahrhunderte nie aufgehört, sich die technischen Errungenschaften seiner chinesischen und koreanischen Nachbarn anzueignen. Dieses Verhalten liess die Japaner auch von ihren Kontakten mit den Holländern profitieren, von denen sie ohne Komplexe neue Erkenntnisse der modernen Wissenschaft übernahmen. Die aus dem Handel mit dem Ausland entstandene Bourgeoisie hat später den Anstoss zur Entwicklung einer beachtlichen Volkskultur gegeben.[8]

In Afrika hingegen gab sich diese gleiche Klasse, deren Reichtum und sogar Dynamik ich schon erwähnt habe, damit zufrieden, mittels Import-Export Reichtümer anzuhäufen – genau wie die heutigen afrikanischen „Geschäftsmänner". Möglicherweise war es die Angst der Reichen vor dem Neid der Armen und vor den gegen sie gerichteten Zaubermitteln der Marabuts, die sie daran hinderte zu überlegen, wie der Wohlstand auf eine breitere Masse ausgedehnt werden könne – und die dazu führte, dass sie im Gegenteil darauf bedacht waren, ihre Vorrechte noch zu vergrössern, um sich vor den Feindseligkeiten der anderen zu schützen. Man kann nicht genug betonen, wie sehr der Glaube an die magischen Kräfte der Zauberei die soziale Entwicklung Afrikas behindert hat und noch behindert. Die Macht der Tabus war wohl entscheidend für den Stillstand der Wissensvermittlung. Unveränderlichkeit des Bewusstseins bedeutete Unveränderlichkeit der immer gleichen Wahrheiten. Es ist sogar denkbar, dass die Tabus mit dem Eintreffen der Europäer zahlreicher und strenger wurden, um die Macht der traditionellen Eliten zu stärken. Wenn das auch bis zu einer gewissen Epoche noch verständlich gewesen sein mag, so bleibt die Frage, warum der wiederholte Druck von aussen auf die afrikanischen Gesellschaften nicht auch – wie man es anderswo beobachten konnte – eine Verweltlichung des Wissens hervorgerufen hat, die stark genug gewesen wäre, die Afrikaner vor den wirklich bedrohlichen Gefahren zu warnen. Man weiss zum Beispiel, dass viele der an die Europäer als Sklaven verkauften Individuen Asoziale oder Zauberer waren. Und wenn im 20. Jahrhundert auch Lästermäuler behaupten, man könne in der Bretagne noch Hexen auf ihren Besen reiten sehen, so findet man im Westen niemanden, der so verrückt wäre zu glauben, ein Zauberwasser könne ihn vor der Macht der Gewehrkugeln schützen – wie es die Anhänger der ugandischen Priesterin Alice Lakwéna tun. Übrigens wäre es naiv anzunehmen, dass derartige Einstellungen in dem Mass abnehmen, wie die allgemeine Bildung zunimmt, im Gegenteil: Je mehr Diplome einer in Afrika besitzt, desto mehr glaubt er, Zielscheibe von Neid und Magie zu sein, und desto mehr benützt er zu seinem Schutz Talismane.

Daher wäre es illusorisch, mit der Unterstützung der intellektuellen Elite zu rechnen, wenn es darum geht, den Massen die Haltlosigkeit ihrer Überzeugung von „der Sache der Weissen und der Sache der Schwarzen“ zu beweisen. Es scheint sogar, dass sich diese Grundhaltung noch vertieft: Die Verschärfung der Wirtschaftskrise, die eine zunehmende Anzahl von geschulten Afrikanern zur Arbeitslosigkeit verdammt, vergrössert die Unsicherheit hinsichtlich der Zukunft und untermauert damit gleichzeitig die Macht des Glaubens an die magischen Kräfte der Zauberei. Afrika wird nur aus dem „psychologischen Fegefeuer“ herausfinden, in dem es mindestens seit dem 17. Jahrhundert verharrt, wenn es gelingt, die wissenschaftliche Neugier, den Drang zum Forschen und zum Wissen wieder zu erweitern. Japan hat heute die Stellung einer grossen Industrienation, weil es einen bemerkenswerten Opportunismus im Bereich der Wissenschaft unter Beweis gestellt hat. Seine Kontakte mit dem Westen haben es Japan ermöglicht, die nationale Einheit zu vollenden, die Industrialisierung voranzutreiben und die wissenschaftlichen Kenntnisse zu vergrössern; kein westlicher Staat kann heute die Dynamik dieses Landes in seinen Konjunkturprognosen ausser acht lassen. Währenddessen gerät Afrika an den Rand der Zerrüttung, bettelt schamlos und ist darauf angewiesen, giftige Abfälle und Haushaltsmüll auf seinem Boden zu akzeptieren, um Geld zu verdienen. Zufall oder jahrhundertealte Gewohnheit?

Die Länder Südostasiens, die den Fordismus mit Erfolg in ihre Kultur eingefügt haben, beweisen, trotz gegenteiliger Behauptungen, dass Technologie sich sehr wohl übertragen, anpassen und in einem veränderten Milieu meistern lässt. Es ist dies eine Frage des politischen Willens und des allgemeinen Interesses. Afrika sollte jetzt die richtigen Schlüsse aus seiner wachsenden Abseitsposition ziehen, den Vergleich mit anderen Kontinenten oder anderen Zivilisationen nicht länger scheuen, sich seiner Komplexe entledigen und der Aussenwelt Tür und Tor öffnen; andernfalls wird das letzte Stadium einer vor mindestens vier Jahrhunderten begonnenen Regression nur noch schneller eintreten. Die Afrikaner sind in der Lage, diese Herausforderung anzunehmen, wenn sie einsehen, dass ihre kulturellen Vorstellungen düsteren Zellen gleichen – und wenn sie den Willen haben, aus diesen Zellen auszubrechen.

15. Kapitel

Auf dem Weg zu einer sozio-ökonomischen Revolution?

„Ich glaube, dass Afrika tatsächlich eine Zeit der Krisen, der politischen Veränderungen, der Konfrontationen, der Konflikte und fast unüberwindlichen sozio-ökonomischen Probleme durchmachen wird.“

Mahdi Elmandjra[1]

Wenn Arbeit und Geld rar werden ...

Die afrikanische Mentalität ist dabei, sich zu verändern. Zahlreiche Faktoren, vor allem wirtschaftlicher Art, weisen darauf hin, dass ein Prozess der Bewusstwerdung auf allen Ebenen in Gang gekommen ist, obwohl die globale Bedeutung der materiellen Veränderungen im allgemeinen nur unzureichend verstanden wird. So fragt sich der gewöhnliche Afrikaner – und das sind viele – trotz der zunehmenden negativen wirtschaftlichen Anzeichen immer noch, wie das System, dem er sein Auskommen und seine soziale Verankerung verdankte, plötzlich zusammenbrechen konnte; er stellt nämlich fest, dass die verschlungenen Mechanismen der Verteilung von Gütern, Dienstleistungen und nationalem Einkommen ihre Grenzen erreicht haben, dass die gegenseitige Hilfe und die Lösung von Einzelproblemen nicht mehr wirken, dass der Alltag zu einem verzweifelten Überlebenskampf geworden ist. Anklagend oder verzweifelt schaut man auf den Präsidentenpalast. Dieser antwortet mit Schweigen oder Gewehrsalven, je nach lokaler Auslegung der Menschenrechte. In den Strassen der Hauptstädte herrscht eine gespannte Atmosphäre, und Hoffnung ist eine Seltenheit geworden. Die Anzeichen dramatischer sozioökonomischer Veränderungen häufen sich: Bankrott von Banksystemen (die mit einer eigenartigen Kreditpolitik zusammenhängen), drastische Verringerung der ausländischen Finanzhilfe (wegen Misskredit), Abbau des überflüssigen Personals im öffentlichen und halb-öffentlichen Sektor, Rückzug des Staates aus dem schon vorher unzureichenden Sozialwesen, Zerfall der privaten Unternehmen (wegen fehlender Investoren und Konsumenten), Arbeitslosigkeit und allgemeine Unterbeschäftigung, abnehmende Produktivität in allen Bereichen – und Menschen, die mit ihren verknöcherten Ansichten kaum auf die dringend nötigen grossen Umstellungen vorbereitet sind. Der Zusammenbruch der gewohnten wirtschaftlichen Stützen einer Gesellschaft, die im wesentlichen auf der „Combine", dem Klientelismus, beruhte, auf den Zusagen und Abmachungen unter Freunden und Verwandten, hat überall eine unbestimmte und bedrükkende Angst hervorgerufen und das Gefühl, die nahe Zukunft sei voller Gefahren. Der „moderne" Afrikaner ist in der Tat ausser Kurs geraten, ist orientierungslos und weiss nicht mehr, an welchen Heiligen er sich wenden soll: Der „Verwandte", der bis vor kurzem noch durch eine simple Geste einen viel qualifizierteren Konkurrenten ausschalten und so einen Posten besorgen konnte, ist als Spezies am Aussterben, weil es schlicht keine Posten mehr gibt, die man jemandem zuschanzen könnte. Die Kassen sind leer, die „modernen" Möglichkeiten der Ernährung und der Erneuerung der aufgeriebenen gesellschaftlichen Solidarität sind fast erschöpft. Lediglich die Rationen für die Mitglieder der Führungsklasse und für ihre nächsten Angehörigen sind garantiert. Schwer zu glauben, dass ein solcher Umschwung ohne Auswirkungen auf die Mentalität des Volkes bleiben wird.

Schon sind hier und da gewisse Veränderungen spürbar geworden, die mangels Alternativen dazu verurteilt sind, zur Norm zu werden. Wann aber wird auf dem ganzen Kontinent jene heilsame soziale Revolution ausbrechen, die die Afrikaner dazu zwingen wird, endlich einen gemeinsamen Nenner für eine dynamische Erneuerung zu finden? Die Angst der Wohlhabenden ist überall spürbar. Die Besitzenden – oft eher kleine Schieber als grosse Geschäftsleute – verbarrikadieren sich hinter ihrem unehrlich erworbenen Reichtum und überlassen es den Leichtsinnigen, die äusseren Zeichen von Geld und Gut zur Schau zu stellen. Offen gezeigter oder versteckter Luxus ermöglicht es von jetzt an, die Opfer der künftigen Volksrache auszumachen – und Luxus bedeutet es schon, wenn einer den ganzen Monat lang die nötigen Grundnahrungsmittel kaufen kann. Das wissen natürlich die Veruntreuer von öffentlichen Geldern ganz genau, und sie versuchen, ihre Haut dadurch zu retten, dass sie ihr Geld im Ausland oder in Immobilien anlegen. Übrigens gesellen sich zum Lumpenproletariat, das von der planlosen „Entwicklung" ohnehin seit jeher ausgeschlossen war, jetzt die neuen Armen im dreiteiligen Anzug und im gestickten Boubou, die als jüngste Opfer der Konjunktur ebenfalls auf der Suche nach einem unauffindbaren Arbeitsplatz sind.

Afrika ist aufgeschreckt, verängstigt und steht vielleicht zum ersten Mal seit Erreichen der Unabhängigkeit am Abgrund.

In den einfachen Vierteln der Städte wird nicht mehr gefeiert, das harte Gesetz der Wirtschaft löst den erschreckenden Leichtsinn ab, der bis vor kurzem noch vorherrschte. Die Verschwendung, die früher selbst bei den Armen als gern gezeigtes Zeichen von Überfluss galt, wird heute als rückständig abgelehnt. Afrika lernt sparen. Es hat vor sich selbst und seinen eigenen Reaktionen Angst. Aber steht der Kontinent deshalb schon kurz vor einem neuen Aufbruch?[2]

Zum ersten Mal vielleicht seit Erreichen der Unabhängigkeit ahnt Afrika, dass die Zukunft nunmehr von der Fähigkeit des einzelnen abhängt, anders zu denken, anders zu handeln, sich selbst anders zu sehen – kurz: sich zu ändern oder unterzugehen. Parallel zu diesen Veränderungen kann man bei den nach 1960 geborenen Generationen eine langsame, aber stete Erosion gewisser zentraler Mythen afrikanischen Denkens feststellen. Diese verschwinden nach und nach unter dem Gewicht ihrer eigenen Widersprüche. Die intellektuelle Klasse Afrikas, die bis in die siebziger Jahre hinein von Koalitionen mit den Volksmassen gegen die korrumpierten Politiker träumte, geht allmählich auf Distanz. Fragen, die früher höchstens in den obersten Etagen der sozialen Pyramide gestellt wurden, kommen jetzt auch von der Basis, und es geht nicht mehr um Teilaspekte, sondern um das Ganze. Die afrikanischen Massen sind misstrauisch geworden: das ist neu und sehr erfrischend.

Am spektakulärsten ist dieser Meinungsumschwung wahrscheinlich in bezug auf die Geschichte und die afrikanische Kultur. Junge Menschen, die entschlossen sind, endlich

Klarheit zu gewinnen, und die die Wahrheit nicht scheuen, knien sich hinein in die Geschichte der grossen mittelalterlichen Reiche Afrikas, um Erklärungen für den heutigen Gesellschaftszustand ihres Kontinents zu finden. Bei solchen Befragungen der Geschichte spielen Soundiata, Askia Mohamed, Béhanzin, Samory, Chaka und andere grosse Idole der Generation der Unabhängigkeit keine entscheidende Rolle mehr. Die grossen Krieger von früher sind ganz einfach abgeschrieben, die Tage der Widerstandshelden gezählt. Was für die Eliten der sechziger Jahre Grund war, auf die afrikanische Kultur stolz zu sein, und was sie künftigen Generationen als Trost für verletzte Gefühle mitgeben wollten, platzt jetzt wie eine Seifenblase, weil diese afrikanische Kultur nicht in der Lage ist, die Herausforderung der Moderne anzunehmen. Die afrikanische Jugend will nicht mehr zu einem Kontinent gehören, der jämmerlich dasteht, voller Komplexe ist und sich von Lügengeschichten nährt – und sie sagt dies ohne Rücksichtnahme frei heraus.

Nicht nur die intellektuelle, sondern auch die afrikanische Jugend der Strasse, die jeden Tag die riesige Masse der „Schulversager" vergrössert, will, dass sich die Dinge ändern. Betrogen um die Früchte einer wahren afrikanischen Solidarität, träumt eine frustrierte Jugend von weiten geographischen und geistigen Räumen und stösst dabei an die engstirnige Haltung einer „Afrikanische Einheit" genannten Organisation, die seit dreissig Jahren festhält an den kleinen „Besenkammern", die in Afrika häufig als Staatsgebiete dienen: Was hat denn zum Beispiel ein junger Gambier für eine Zukunft? Die halbgebildete Jugend hört Radio und versteht nicht, warum Afrika stillsteht, während Europa vorwärtsgeht. Dabei handelt es sich um mehr als um ein Generationenproblem. Es ist der Beginn einer Entmythifizierung, an deren Ende von der „Organisation für Afrikanische Einheit“ nur noch ein Häufchen Asche übrigbleiben wird.

Heutzutage ruft bei den Jungen die kleinste offizielle Bezugnahme auf die „Solidarität der von der Sklaverei, der Kolonisation und der Apartheid unterdrückten Schwarzen“ nur ein müdes Lächeln hervor[3]. Die afrikanische Jugend war lange genug Opfer des diffusen Negrismus der Generation von 1960, um Unterdrückung aufgrund der Hautfarbe von Unterdrückung an sich unterscheiden zu können. Und bei der blossen Erwähnung des Begriffs „kulturelle Authentizität“ gehen bei der afrikanischen Jugend alle roten Lichter an: Vorsicht, wir werden über den Tisch gezogen! Auf die Ermahnungen, die „traditionellen Werte“ hochzuhalten, reagieren immer mehr mit dem Traum von der Flucht aus Afrika; der Kontinent flösst seiner Jugend offensichtlich je länger desto weniger Vertrauen ein. Dieses Phänomen, das man vorschnell mit der anhaltenden Faszination des Afrikaners von der verführerischen Welt des weissen Mannes erklären wollte, ist in Wirklichkeit Ausdruck eines viel grundlegenderen Unbehagens.

„Was soll man von den massiven Abschiebungen von Afrikanern durch andere afrikanische Länder halten? Die unsicheren Lebensbedingungen, denen ausländische Afrikaner in anderen afrikanischen Ländern unterworfen sind, können interafrikanische Kooperation und interafrikanischen Handel fördern“, schreibt Edem Kodjo vorsichtig.[4]

Die Afrikaner wissen heute wohl, dass das Leben in Europa nicht einfach ist, und blieben liebend gerne in Afrika, wenn sich die Arbeitsmöglichkeiten unter dem Einfluss der Ivoirisierung, der Gabunisierung, der Zairisierung, der Kamerunisierung nicht so sehr verringert hätten. Man träumt davon, sich woanders durchzuschlagen, da man weder in seinem noch im Nachbarland eine Arbeit findet. Ist die afrikanische Politik der „Afrikanisierung" nicht das sicherste Mittel, die ausländerfeindliche Politik eines Le Pen und einer neuen, gegen die Dritte Welt eingestellten Generation aufrechtzuerhalten, die jetzt lauthals postuliert: „Rumänien kommt vor Tansania!"? Man muss sich also schon fragen, warum zum Beispiel französischsprechende Afrikaner lieber die mannigfachen Belästigungen durch die französische Polizei ertragen, als in Afrika zu bleiben. Sind sie masochistisch?

Die innerafrikanische Ausländerfeindlichkeit ist ein guter Ansatz zu einer Antwort. Aber die OAU und gewisse afrikanische Journalisten betonen lieber den Skandal der Ausweisung von 101 Maliern aus Frankreich; den afrikanischen Staaten gestehen sie derweil mildernde Umstände zu, das ist viel bequemer. Angesichts all dieser Betrügereien kann man nur froh sein, dass die afrikanische Jugend kein Blatt mehr vor den Mund nimmt. Das ist ein Zeichen der Reife und bedeutet das Ende einer Epoche, in der man den Jungen leicht das X der „Négritude" für ein U vormachen konnte. Die Zeit der heuchlerischen Vorsicht beim Reden ist vorbei: Von jetzt an heisst ein Hund ein Hund, auch wenn die in ihren Komplexen verhafteten afrikanischen Institutionen schlecht auf diese Art von offener Sprache vorbereitet sind. Sie werden sich darauf einstellen müssen. Denn alles deutet darauf hin, dass das Verschwinden des vorfabrizierten Denkens auch das Ende der OAU einläutet, die von der afrikanischen Jugend mehr und mehr als unnützes Hemmnis angesehen wird. Warum sollte diese Institution den Folgen der Unzufriedenheit entgehen, die man fast überall bei den afrikanischen Bevölkerungen im Hinblick auf ihre politischen Führer beobachten kann? Die OAU ist ganz offensichtlich unfähig, auf die sozio-ökonomischen Veränderungen, die im Augenblick in Afrika und in der Welt stattfinden, richtig zu reagieren. Und dennoch scheint man in gewissen intellektuellen Kreisen Afrikas darin übereinzustimmen, dass mit Hilfe von grundlegenden juristischen Reformen die „Organisation für Afrikanische Einheit“ endlich ihrem namentlichen Auftrag gerecht werden könnte. Eine kurze Analyse der Grundideen dieser Organisation wird zeigen, dass solche Hoffnungen unberechtigt sind.

16. Kapitel

Einige gute Gründe, die OAU nicht zu retten

„Ich wollte die grundlegende kulturelle Einheit herausarbeiten, die unter dem trügerischen Schein der Heterogenität lebendig geblieben ist."

Cheikh Anta Diop[1]

1. Von der OAU darf man nichts erwarten

Ist die „Organisation für Afrikanische Einheit" (OAU) in der Lage, nicht nur die Bedingungen für eine wirkliche Solidarität innerhalb des afrikanischen Kontinents zu schaffen, sondern Afrika auch kontinental wie global auf ein angemessenes Niveau zu bringen? Bekanntlich reagiert die öffentliche Meinung in Afrika auf diese Frage immer skeptischer. Einige Zitate genügen, um die innerhalb der heutigen Jugend verbreitete Meinung zur OAU wiederzugeben: „Beim Lesen der OAU-Charta fällt sofort auf", schreibt Jean Mfoulou, „dass der Wunsch nach einer wirklichen Einheit fehlt – ich würde sogar sagen, die Charta lehnt sie ab. Vielmehr ist die OAU besorgt um den Erhalt der Stabilität, wenn nicht gar des *Status quo* in den verschiedenen Mitgliedstaaten der Organisation."[2]

Ins gleiche Horn, nur ungleich kräftiger, stossen Alain und Edgard Hazoumé: „Die phänomenale Unbewusstheit

Afrikas äussert sich in einer psychologisch unbestimmten Haltung, die wenig von eindeutigen Zielen und von nützlichen Mitteln hält. Für diesen Kontinent hatte es, aufgrund irgendwelcher uneingestandener Wünsche, schon immer etwas Verlockendes, sich grundlegend vom Rest der Welt zu unterscheiden. Das heutige Afrika, das die OAU nach einmütiger Übereinkunft errichtet hat, ist ein getreues Spiegelbild der innereuropäischen Spannungen des 19. Jahrhunderts, aufgrund derer die Europäer damals den afrikanischen Kontinent unter sich aufteilten; dieser Zustand entspricht in keiner Weise den Kräfteverhältnissen des 20. Jahrhunderts."[3]

Zum Abschluss dieser kurzen Sammlung von Zitaten die folgende Frage eines Journalisten anlässlich des 25jährigen Bestehens der OAU, welche die Ängste einer ganzen Generation zusammenfasst: „Muss denn Afrika ewig vor seinen Defiziten die Augen verschliessen und in einer Selbstzufriedenheit vor sich hin dämmern, die sich auf seltsame Weise unterscheidet von den überaus schwierigen Lebensumständen seiner Bevölkerung?"[4]

Es werden also äusserst schwerwiegende Fragen an die „Organisation für Afrikanische Einheit" gerichtet, die in anderen Breitengraden längst die Auflösung eines solchen Gebildes gerechtfertigt hätten.[5] Da die Afrikaner jedoch sentimental sind und gewohnt, mit Verspätung zu reagieren, denken sie in der Regel erst daran, eine Schwierigkeit beheben zu wollen, wenn sie unüberwindlich geworden ist. Die Haltung der Afrikaner den gewichtigen Ungereimtheiten der OAU gegenüber kann also nicht überraschen. Denn eigentlich weiss man ja seit 1963, dass für diese Organisation das Ziel nicht die afrikanische Einheit ist.[6] Sie hat dies mehrmals bewiesen, und zwar von ihrer konstituierenden Sitzung an. Je häufiger indessen die Krisen aufeinanderfolgen und je schwerer die Konflikte sind, desto stärker geben die Afrikaner dem Wunsch Ausdruck, dass die OAU überleben soll. Weshalb? „Weil es sie gibt", heisst es allenthalben. Ein schwaches Argument. Ich denke, die Afrikaner – und vor allem die jungen Afrikaner, die all die grossen Schwierigkeiten zu meistern haben, von denen die Rede war – sind fast dazu verurteilt, mehr zu fordern, und zwar sofort. Schliesslich geht es um ihr Überleben.

Ich will hier nicht zum x-tenmal die Gründe aufzählen, die für die Einheit Afrikas sprechen. Es geht mir vielmehr darum, deutlich zu machen, weshalb die OAU schnellstens aufgelöst oder boykottiert werden müsste. Nur zu diesem Preis wird es Afrika schaffen. Schluss also mit den Geschichten aus der Mottenkiste und mit juristischen Spitzfindigkeiten. Auch wenn man von den importierten Ideologien absieht, bleibt die OAU das Produkt einer im allgemeinen nicht richtig verstandenen afrikanischen Denkweise, von der im Anschluss noch die Rede sein wird. Zunächst will ich jedoch kurz zeigen, wie den Leuten vorgegaukelt wird, die OAU könne sich wandeln, und zwar hin zu einem besseren Verständnis der wirtschaftlichen und sozialen Schwierigkeiten Afrikas und hin zu einer neuen Einschätzung der Einheit.

2. *Die Blindheit der afrikanischen Eliten*

„Die OAU soll aufrechterhalten werden, wie sie ist, nämlich als Forum mit seinen Gewohnheiten, seinen rechtlichen Bestimmungen und seinen Zielen. Eine grosse Föderation oder ein grosser Staatenbund sind nicht vorgesehen (...)“[7]

Jean-Baptiste Bagaza

Wenn die Staats- und Regierungschefs der OAU-Staaten auf dem Höhepunkt einer Krise, an der die OAU wieder einmal zu zerbrechen droht, ungerührt ein paar nichtssagende Vorschläge unterbreiten (die zwanzig Jahre zuvor noch als Glanzleistungen betrachtet wurden), meint die afrikanische Intelligenz noch immer, sie könne retten, was nicht zu retten ist. Die Charta der OAU ist zwar nach Meinung der afrikanischen Intelligenz überholt, die Intellektuellen sind aber der Ansicht, mit Hilfe einiger Reformen könne das Papier durchaus Wunder vollbringen. Dies geht u.a. aus den Untersuchungen von Babacar Kanté, Moustapha Sourang[8] und vielen anderen hervor. In einem Artikel mit der Überschrift „Die Gründungsurkunde der Organisation muss aktualisiert werden“ meinte Albert Bourgi: „Wir müssen uns mit der OAU zufriedengeben, so wie sie ist; mit einer OAU, die zwar weit entfernt ist von ihrem ursprünglichen Plan einer afrikanischen Einheit, mit dem die Vertreter des Panafrikanismus lange geliebäugelt haben; mit einer OAU aber auch, deren oft tumultuöse Sitzungen keineswegs das Bild eines zerstrittenen Afrika vermitteln, sondern das einer Organisation, die niemand ernstlich in Frage stellt, trotz ihrer Mängel.“[9]

Die OAU hat also Mängel. Doch selbst wenn die Organisation mit ihrer Politik praktisch die eigene Daseinsberechtigung verleugnet, scheinen die afrikanischen Intellektuellen entschlossen, die OAU zu unterstützen – weil sie aus Tradition daran glauben, dass die Mängel behebbar seien. Wir werden sehen, dass es sich dabei um einen grundsätzlichen Irrtum handelt, oder zumindest um verzweifelte Starrköpfigkeit. Zu glauben, eine wirkliche Einheit könne aus mutigen Reformen und dem guten Willen unserer ungebildeten Despoten entstehen, wäre absurd. Es gibt Dinge, die sich grundsätzlich widersprechen, zum Beispiel die „Organisation für Afrikanische Einheit" und eine wirkliche Einheit Afrikas. Diese ontologische Unmöglichkeit, die verschleiert wird durch das Trugbild der „etappenweisen Veränderung" der OAU und durch eine Politik, die von Anfang an das Juristische auf Kosten des eigentlichen Geistes der Gründerväter bevorzugte – diese Unmöglichkeit muss endlich klargelegt werden, damit die Afrikaner Zeit gewinnen. Sie haben, seit dem 15. Jahrhundert, schon genug Zeit verloren.

3. Krach zwischen „Progressiven" und „Gemässigten"

„Es ist furchtbar. Unsere Staatschefs machen mit ihren Bürgern, was sie wollen. Ob sie sich fortschrittlich oder gemässigt geben (...), alle belügen ihre Mitbürger schamlos, nehmen sie gefangen, töten sie oder ruinieren sie."

Hampaté Ba[10]

„Es gibt zwei Arten von Geschichte: die zufällige und die strukturierte."

Basil Davidson[11]

Durch das gesamte Buch hindurch haben wir gesehen, dass die importierten Ideologien es Afrika seit dreissig Jahren ermöglicht haben, die Verweigerung der Entwicklung zu kaschieren. Da die OAU in einer Zeit starker ideologischer

Spannungen aus der Taufe gehoben wurde (Kalter Krieg, Lumumba-Affäre etc.) und scheinbar die Kluft zwischen den politischen Systemen in der Welt übernahm, wurde angenommen, die Organisation werde hauptsächlich beherrscht von unterschiedlichen politischen Vorstellungen – wie dies für das Abendland vor dem Untergang des Marxismus-Leninismus zutraf. Daher wurden im allgemeinen die nie endenden Konflikte zwischen „Progressiven" und „Gemässigten" innerhalb der OAU für den offenkundig fehlenden Fortschritt bei der Verwirklichung der Einheit verantwortlich gemacht. Diese Kriterien erweisen sich als irreführend, wenn man an den Obskurantismus gewisser afrikanischer Führer denkt, die vom Heiligenschein des Revolutionärs umgeben sind. Ich will zwei Beispiele zitieren; zunächst Nyerere, der seine Vorstellung vom afrikanischen Fortschrittsdenken anlässlich der konstituierenden Sitzung der OAU wie folgt definierte: „Einige werden sagen, diese Charta gehe nicht weit genug oder sie sei nicht revolutionär genug. Vielleicht haben sie recht. Aber was heisst das, sie geht nicht weit genug? Kein guter Maurer wird sich darüber beschweren, dass das Haus mit dem ersten Backstein noch nicht fertiggebaut ist. Und was bedeutet revolutionär sein? Ein wirklichkeitsfremder Träumer ist kein wirklicher Revolutionär."[12]

Ein seltsamer Revolutionär, der die Gründung der Vereinigten Staaten von Afrika nach Jahrhunderten der Unterdrückung als ein Vorhaben betrachtet, dessen Grundlagen noch nicht geschaffen sind. Wenden wir uns einem anderen berühmten Revolutionär zu: Sékou Touré. Nicht wenige

Experten sehen in ihm einen der „führenden Köpfe des Panafrikanismus". Anlässlich der konstituierenden Sitzung der OAU freilich tat sich der Vater der guineischen Revolution nicht gerade durch einen glühenden Wunsch nach Einheit hervor, sondern vielmehr durch Ressentiments und Personalismus: „Die afrikanische Einheit wird weder um einen Menschen noch um eine Nation noch um eine Religion herum entstehen." Sie sollte um Sékou Touré herum entstehen, oder eben gar nicht. Also schloss Sékou Touré „eine afrikanische Einheit, die die Vereinigung aller Institutionen unserer Staaten bedeuten würde", aus. Dabei berief er sich auf die Gefahren, die sich aus den von aussen importierten Ideologien ergeben würden, und er trat für die Rückkehr zu einem „authentischen" Afrika ein: „Afrika den Afrikanern, das bedeutet den Wiederaufbau Afrikas auf wirklich authentischen afrikanischen Grundlagen." Tatsächlich scheute Sékou Touré keine Mühe – vom Völkermord an den Fulbe über erfundene Verschwörungen bis hin zu den Belästigungen der Susu –, um das Malinke-Königreich seines berühmten Vorfahren wiederaufzubauen, das auch nicht ohne Entbehrungen und Annektierungen entstanden war.

Also Schluss mit ‚Progressiven' und ‚Gemässigten'. Statt mich weiter mit ihnen aufzuhalten, will ich lieber versuchen, den tief verwurzelten historischen Rassismus unserer Negerkönige herauszuarbeiten, der unter der trügerischen Oberfläche der modernen Ideologien lebendig geblieben ist. Zu diesem Zweck drängt es sich auf, die ideologische Struktur der OAU aufzuzeigen, wie sie 1963 in den Reden der Gründerväter zum Ausdruck gekommen ist.

4. Ein Schuss in den Ofen und keine Skrupel

Die eigentliche Geisteshaltung der OAU ist das, was bleibt, wenn die ideologischen Aushängeschilder entfernt sind, mit denen man sich damals schmückte, um unter dem dünnen Lack des Marxismus oder Liberalismus eine zutiefst archaische Mentalität zu verbergen. Diese Behauptung lässt sich zumindest mit der Tatsache rechtfertigen, dass sich heutzutage alle Staaten Afrikas, unabhängig von ihrer politischen Ideologie, in der gleich schlechten wirtschaftlichen Lage befinden. Mitunter übertreffen sogar die reicheren Länder die ärmeren in Sachen Not und mangelnder Leistungsfähigkeit. Diese Angleichung nach unten ist kein Zufall, in ihr spiegelt sich vielmehr eine allgemeine Geisteshaltung der Afrikaner. Bevor wir näher darauf eingehen, soll daran erinnert werden, dass die Frage der afrikanischen Einheit nicht anlässlich der konstituierenden Sitzung der OAU zum ersten Mal aufgeworfen wurde, sondern – weniger weit gefasst – bereits durch das „Rahmengesetz Defferre“, und zwar in Verbindung mit der Bündnisfrage zwischen den west- und zentralafrikanischen französischen Kolonien AOF (Afrique Occidentale Française) und AEF (Afrique Equatoriale Française)[13]. Einige afrikanische Führer empfanden aber den Föderalismus sehr schnell als Last für die Ökonomien ihrer künftigen Staaten, die weitgehend mit ausländischer Hilfe funktionieren sollten. Oder sie erklärten ihn schlicht als nicht wünschenswert. Das bedeutet, dass die meisten Teilnehmer der Versammlung von Addis Abeba vom 22. bis 25. Mai 1963 über eine Angelegenheit debattierten, die schon entschieden war. Sie hatten die Aufgabe, die „Balkanisierung“ ihres Kontinents zu verwerfen oder sie zu akzeptieren: So lautete die entscheidende historische Frage dieser Konferenz, und die traurige Antwort ist nur zu gut bekannt. Die politischen Führer, die mit dem erklärten Ziel zusammengekommen waren, die „Basis für die afrikanische Einheit zu schaffen", konnten nur zu gut auf eine Solidarität verzichten, die den ganzen Kontinent umfasst hätte und der sie eine Intensivierung ihrer Beziehungen zur ehemaligen Kolonialmacht bei weitem vorzogen. Im Grund kamen sie zu dieser Konferenz mit dem festen Entschluss, die alten Traditionen zu wahren, auf Grund derer sich ihre Vorväter ab dem 16. Jahrhundert gegenseitig als Sklaven nach Amerika verfrachtet hatten: im Tausch gegen ein paar Musketen und zum Preis des Verlusts ihrer Würde.

Die Kooperationsverträge mit Frankreich, welche Staatschefs wie Dacko, M'Ba, Houphouët-Boigny und Ahidjo ohne die geringste Scham präsentierten, um ihre Ablehnung der Vereinigung Afrikas zu rechtfertigen, waren lediglich Ausdruck einer alten Tradition von Hass und gegenseitigem Misstrauen. Der Westen, der die Konferenz sehr aufmerksam verfolgte, wusste schon vor deren Ende, dass der Geist der Konferenz von Berlin gewahrt bleiben würde. „Sind der Kolonisierte und der Kolonisator nicht alte Bekannte?" Der letztere wird sich wohl ins Fäustchen gelacht haben, als Yaméogo in einem Anflug von Enthusiasmus erklärte: „Ich vertraue darauf, dass am Ende unserer Arbeit in Addis Abeba die erste afrikanische Bombe explodieren wird. Das wird eine zugleich wohltuende und todbringende Superatombombe sein: wohltuend für unsere Völker, todbringend für die Kolonialisten, sogar für die hartnäckigsten unter ihnen. Bei der Bombe wird es sich um die der *Afrikanischen Einheit* handeln."

In Wirklichkeit wusste die internationale Öffentlichkeit lange vor dem Ende der Konferenz, dass die „Bombe" nur ein jämmerlicher Schuss in den Ofen war: „So fest unser Wille zur afrikanischen Einheit auch sein möge, die Tatsache bleibt, dass unsere jeweiligen Nationen bilaterale oder multilaterale Verträge der Zusammenarbeit entweder untereinander oder mit anderen Mächten geschlossen haben. Und wir müssen zugeben, dass Verwaltung, Politik und Wirtschaft unserer Staaten im Moment durch diese Kooperationsverträge bestimmt werden. Wir können sie nicht von heute auf morgen aufkündigen, ohne Afrika einer allgemeinen Krise preiszugeben, deren zahlreiche, schwer abzuschätzende Konsequenzen schwere Verwirrungen nach sich ziehen würden (...), und das ist nicht das Ziel unserer Reise nach Addis Abeba" (Dacko).

Man vergiesst Krokodilstränen über die Demütigung durch den Sklavenhandel und die Kolonisation, und man verspricht sich gegenseitig hoch und heilig, die Brüder in Südafrika aus den Fängen der Apartheid zu befreien. Dabei stellt man sich so gut an, „dass es 1986 nicht weniger als fünfundvierzig unabhängige afrikanische Staaten gibt, welche via multinationale Konzerne, die den internationalen Handel bestimmen, indirekte Wirtschaftsbeziehungen zum südafrikanischen Regime unterhalten".[14]

Es kommt noch besser: Die Apartheid erfüllt die OAU mit so grosser Sorge, dass Nelson Mandela eingesperrt wurde, ohne dass die OAU, die „Wichtigeres zu tun hatte", einen Finger rührte; siebenundzwanzig Jahre später wird er entlassen, ohne dass die OAU dazu beigetragen hätte.

„Die Geschichte lehrt", so Edem Kodjo, „dass zahlreiche Staatsmänner und Wissenschaftler grosse Ambitionen für ihre Völker hegten und das Schicksal auf ihre Seite zu zwingen versuchten (...) durch ihren politischen Kampf und ihre Gedanken."

Nun, die jüngste Geschichte Afrikas lehrt genau das Gegenteil. Unseren Staatschefs fehlt es in höchstem Mass und in jeder Hinsicht an Format. Diesbezüglich war die konstituierende Sitzung der OAU wahrscheinlich ein einzigartiges Beispiel in der jüngsten Geschichte der Menschheit. Niemals gab es bei einer Konferenz so viel geistiges Unvermögen pro Quadratmeter: Die einfache Tatsache, dass man zusammengekommen war, wurde nach Jahrhunderten der Sklaverei und der Kolonisation als „Grosstat" gefeiert. Und auf diese Weise wollte man der Bedeutungslosigkeit der Geschichte entfliehen, und zwar auf lange Sicht! Lassen wir Haile Selassie zu Wort kommen, der die Väter der Unterentwicklung Afrikas auf einen Platz in der Geschichte hievte, den sie wahrhaftig nicht verdienen: „Wie werden in einem Jahrhundert die künftigen Generationen diese Konferenz beurteilen, (...) wenn sie die Geschichte studieren? Wird man sie als Ereignis sehen, bei dem die Führer eines befreiten Afrika voller Mut und Entschlossenheit die Geschehnisse in die Bahnen ihres eigenen Willens lenkten und das künftige Schicksal der afrikanischen Völker bestimmten? Wird man sich an unsere Versammlung erinnern um ihrer bleibenden Erfolge willen und wegen der Klugheit und des Weitblicks unserer Beschlüsse?"

Was den historischen Weitblick anbelangt, so optierten alle Gründer der OAU – ausser N'Krumah und Obote – für einen Immobilismus, der auf Hass und gegenseitigem Misstrauen beruhte; dennoch waren sie überzeugt, als grosse und weise Revolutionäre zu handeln. Es ist also von Grund auf typisch für diese Organisation, dass ihr Mittelmässigkeit und historische Kurzsichtigkeit als wertvoll erscheint. Eine Analyse der von diesen Herren zwecks Ablehnung der Einheit ihres Kontinents vorgeschobenen Gründe lässt die Grundsätze der starren Ideologie der OAU besser erkennen. Sie erklärt, warum die OAU gar nicht in der Lage ist, sich zugunsten einer wirklichen Solidarität zu entwickeln: weil es sich um ein kulturelles Substrat handelt, das sich im Laufe von dreissig Jahren Unabhängigkeit noch verstärkt hat.

5. Gute Gründe, die OAU nicht zu retten

Zwei Dinge fallen sofort auf, wenn man die Reden der Staats- und Regierungschefs der OAU seit deren Gründung bis heute liest: Es geht immer um dieselben Dinge, und die Institution bemüht sich weder um die Lösung der wirklichen Probleme Afrikas noch kümmert sie sich um die Veränderungen in der Welt. Starrsinn ist eine typische Form des Widerstands von Entkolonisierten. Aus ihrer Sicht bleibt die Zeit stehen, und sie kommen nicht vorwärts. Ihr rückwärts gerichtetes Bewusstsein, das Evolution als Rückkehr zu einer ursprünglichen Situation begreift, verdammt sie zum Rückschritt. Es ist kein Zufall, dass die afrikanischen Intellektuellen zur Zeit der Unabhängigkeit für die das afrikanische Paradies beschwörenden Reden der „Primitivisten" so empfänglich waren. Wenn sich Denis Sassou N'Guesso 1988, 25 Jahre nach der Gründung der OAU, über das, was er als ungerechtfertigte Ungeduld empfindet, wundert: „Anderswo wird die Zeit in Jahrhunderten gemessen. In

Afrika hätte man gerne, dass alles sofort geschieht"[15], so sieht der Kenner darin weniger einen Beleg für Umsicht als vielmehr den Ausdruck einer Unfähigkeit, den Wandel in Afrika und in der Welt zu begreifen und zu akzeptieren. Die Begründer der OAU vertraten dreissig Jahre zuvor genau die gleiche Meinung und dachten, dass man ihre Taten frühestens nach einem Jahrhundert beurteilen würde. „Vorsicht, Mässigung und Bedachtsamkeit" waren zusammen mit der „Einheit" (die niemand wollte) die meistgenannten Wörter im Laufe dieser verhängnisvollen Konferenz.

„Diese Begriffe sind die beste Garantie für unseren Erfolg", erklärte Kasavubu. Hubert Maga sprach ohne Umschweife von „ehrgeizigen, aber illusorischen Plänen". Nasser gebrauchte und missbrauchte Metaphern aus der Physiologie: „Keine Organisation, die den Geist und die Nerven des afrikanischen Willens verkörpern soll, wird zulassen, dass die afrikanische Einheit von einem Tag auf den anderen verwirklicht wird." Der zutiefst erschrockene Ahidjo nahm nicht einmal mehr zu schönen Worten Zuflucht: „Jegliche starre institutionelle Form scheint mir verfrüht: im Moment also weder Föderation noch Konföderation." Houphouët-Boigny empfahl, „sorgfältig die Quanten an Weisheit, an aktiver Geduld, an Mut und Realismus aufeinander abzustimmen, die für das Gelingen eines so grossen und so grossartigen Unterfangens unerlässlich sind". Er beharrte darauf, dass es „ein folgenschwerer Irrtum wäre, wenn wir in allzu grosser Begeisterung die Schwierigkeiten unterschätzten und meinten, wir könnten notwendige Schritte einfach übergehen".

Senghor, der noch zum Zeitpunkt der Inkraftsetzung des

„Rahmengesetzes Defferre" keine Mühe gescheut hatte, seinen föderalistischen Traum zu verwirklichen, musste unterdessen mit dem Misserfolg der kurzlebigen Föderation Mali eine empfindliche Niederlage einstecken. Daher glaubte er jetzt, sich selbst desavouieren zu müssen: „Ich habe mit Nachdruck auf die Hindernisse auf dem Weg zur afrikanischen Einheit hingewiesen. Sie werden es mir nachsehen. Ich habe gedacht, dies sei die beste Methode."

Alles in allem: Die Einheit Afrikas sollte ein für allemal vom Tisch.[16] Der Kniff, den die Begründer der OAU dabei anwandten, bestand in der Vorspiegelung der Illusion, dass die Einheit eines schönen Tages ganz von selbst entstehen werde. Anderswo wird Solidarität organisiert, geplant, antizipiert, bei der OAU jedoch setzt man auf die „Dynamik der Einheit", das heisst auf irgendeine magische Kraft, die bewirken wird, dass die Dinge sich von selbst oder eben gar nicht ergeben. Das ist weniger anstrengend und erlaubt den Afrikanern, als ewige Opfer des Kolonialismus zu posieren. In einer Zeit, da die Intellektuellen Afrikas anscheinend davon überzeugt sind, keine andere Wahl zu haben, als die OAU in ihrer ganzen Mittelmässigkeit zu akzeptieren, sollten wir uns lieber daran erinnern, dass die Begründer der OAU die Einheit vor allem aus drei Gründen scheuten wie die Pest; Gründe, die weit davon entfernt sind, langsam zu verschwinden, die im Gegenteil seit der Unabhängigkeit an Bedeutung gewonnen haben: Es sind dies der Minderwertigkeitskomplex gegenüber dem Westen, die morbide Sehnsucht nach der vorkolonialen Vergangenheit und der innerafrikanische Rassismus.

N'Krumah mochte noch so sehr auf den wirtschaftlichen

Gründen beharren, die für eine sofortige Einheit sprachen, Freitag achtete nicht darauf. Er ist als Tribalist geboren und wird jeglichen Beschluss verwerfen, der seine althergebrachte Lebensweise verändern könnte, obschon offensichtlich ist, dass die Rehabilitierung gewisser Bereiche der afrikanischen Vergangenheit für die Interessen der Afrikaner nicht nur gefährlich ist, sondern ihnen sogar diametral entgegensteht. Houpouët-Boigny hatte nicht nur beim „Rahmengesetz Defferre" die Rolle eines Sprachrohrs für Teitgen gespielt[17] – damals befürchtete er, zur „Melkkuh Westafrika" zu werden –, sondern fügte sogar noch hinzu: „Wir können die heute existierenden Nationalismen nicht ignorieren, selbst jene nicht, denen der Kampf gegen den Kolonialismus mitunter übertriebene Formen aufgezwungen hat."

Viele andere betraten an jener Konferenz nacheinander die Rednertribüne der *Africa Hall*, um zu erklären, dass die afrikanischen Völker und deren Führer sich gegenseitig nicht genügend kennen, um sich unter ein und derselben Flagge zu sammeln. So war man sich bald einmal darin einig, dass das beste Mittel, die Einheit Afrikas zu erreichen, immer noch die ... Verstärkung der Nationalismen sei.

Aus dem bisher Gesagten geht klar hervor, dass Afrika nun ganz dringend eine fundamentale geistige Revolution braucht und nicht die Reform einer Charta, deren zugeknöpfter Geist eine Mentalität widerspiegelt, die seit Jahrhunderten unverändert geblieben ist – trotz historischer Dramen, die anderswo längst die Massen mobilisiert und in ihnen das Bedürfnis geweckt hätten, ihre verlorene Würde wiederzuerlangen. Man redete an dieser Konferenz viel über die Demütigung der Afrikaner durch die Weissen, über die

Kolonisation und den Sklavenhandel. Krokodilstränen wurden vergossen über „die von der Kolonialzeit geerbten Grenzen" und über „die von den Kolonialmächten geerbten Kulturen". Und gleichzeitig wurde versichert, man habe vor der Aufteilung Afrikas durch den weissen Mann, 1889 in Berlin, stets in perfekter Harmonie miteinander gelebt. Im übrigen gab man sich aber fest entschlossen, nichts an diesem Zustand ändern zu wollen. Aufschluss über die Gründe für diese zumindest paradoxe Haltung gibt am ehesten das, was an dieser Versammlung ungesagt bliebt. Die Begründer der OAU hatten enorme Schwierigkeiten, einen gemeinsamen Nenner für ihre Völker zu finden. Sie fragten sich, weshalb sie sich überhaupt vereinigen sollten. Und da sie keine objektiven Gründe für eine wirkliche Solidarität fanden, verbohrten sie sich in ihre vorkoloniale Vergangenheit als einzige – zweifelhafte – Gemeinsamkeit. Der Beobachter erkennt, dass in ihrem Bewusstsein zwei Vergangenheiten existieren: eine authentische Vergangenheit, in der „die Afrikaner ihre eigenen sozialen Strukturen und einheimische Kulturen besassen", und eine bastardisierte Vergangenheit, die in die Gegenwart hineinreicht, in der man sich gegenseitig nicht mehr kennt. In dieser schrecklichen Zeit wird die soziale Ordnung von früher nicht mehr respektiert: Der gewöhnliche Bürger und der Geschichtenerzähler können denselben sozialen Rang beanspruchen wie die Nobilitäten aus der Zeit vor der Kolonisation. Diese Verunsicherung erklärt wohl das Bedürfnis, immer wieder in Erinnerung zu rufen, „woher wir stammen und welches unsere Geschichte ist, damit wir unsere eigene Persönlichkeit und unsere afrikanische Identität dokumentieren können". Klar, dass diese

Identität nicht auf dem schändlichen Mischmasch beruhen darf, der sich durch das Eindringen des weissen Mannes in Afrika ergeben hat.

Mit anderen Worten: Die Schaffung eines einzigen Kontinentalstaates ist gar nicht vorstellbar, da er als Produkt eines kolonialen Diktates aufgefasst wird, das die Afrikaner ohne Rücksicht auf ethnische Unterschiede zum Zusammenschluss zwingt, während der „authentische“ Verlauf der Geschichte ihnen die Freiheit lässt, so zu bleiben, wie sie sind – um sich untereinander noch stärker zu zerstreiten und um schliesslich jene Einheit zu vollenden, die sie mit Eroberungen und Annexionen längst vor der Kolonialzeit begonnen hatten. Diesem „authentischen“ Modell, das für Afrikas Niedergang verantwortlich ist, hat die afrikanische Einheit von Anfang an einen hohen Tribut gezahlt. Daher – es sei noch einmal betont – konnte die Einheit Afrikas gar nie das Ziel der Begründer der „afrikanischen Einheit“ sein. Aus ihren Reden geht vielmehr hervor, dass die Gründungsversammlung der OAU vor allem ein moralisches Ziel und das Ziel der Wiedergutmachung gehabt hat: den von der Kolonisation gebeutelten Kulturen neuen Glanz zu verleihen – und mit einer Charta ohne jede Zukunftsvision zu garantieren, dass jeder das Recht hat, an seiner eigenen kleinen kulturellen Identität zu krepieren. Eines ist also klar, keine noch so grundlegende Rechtsreform der OAU wird mit einer so liebenswürdigen Mentalität fertig werden können, die da beinhaltet: Rassismus, historischen Leichtsinn, nostalgisch-revanchistischen Vergangenheitskult, Unbeweglichkeit, völliges Fehlen von Ehrgeiz und Mangel an Würde ...

Es geht also nicht um die Frage, ob die OAU gerettet werden soll. Es geht vielmehr um die Frage, wer ein Interesse daran hat, eine Ansammlung von Mikro-Nationen aufrechtzuerhalten, die ihren jungen Generationen nicht einmal den Schatten eines Arbeitsplatzes bieten können.

Hoffen wir, dass diese Jugend, die von der Wiege an zur Arbeitslosigkeit verdammt ist, im Gegensatz zu den Begründern der OAU keinerlei Schwierigkeiten haben wird, einen konkreten gemeinsamen Nenner zu finden. Der spektakuläre Konkurs der afrikanischen Volkswirtschaften und der Tod der Mythen aus der Zeit nach der Unabhängigkeit könnten hierfür als kräftige Katalysatoren wirken: Der Mensch lebt zunächst vom Brot.

Endspiel

Afrika, vor allem das der Wolkenkratzer, ist bis heute eine Art kulturelles Getto geblieben, in das die Neuigkeiten der Aussenwelt nur sehr langsam eindringen. Da ergänzen sich die Neigung zum liebgewordenen Alltagstrott, die Bewunderung für das eigene Ich und die politische Zensur aufs trefflichste – mit dem Resultat, dass jegliche Information von der täglichen Bildfläche verschwindet, die verhindern könnte, dass man sich in aller Ruhe selbst beweihräuchert. Daher haben die Afrikaner – die sich seit dreissig Jahren hinter ihrem mythischen Recht auf Andersartigkeit verschanzen – erst vor kurzem vom Begriff der Marginalisierung des afrikanischen Kontinents Kenntnis genommen, und auch das nur wegen der plötzlichen Verknappung von Geld und Lohnarbeit. Verwirrt vom plötzlichen Zusammenbruch ihrer Volkswirtschaften, die durch eine kaum vorstellbare Inkohärenz bis aufs Mark zerstört sind, fragen sich die Afrikaner immer noch, wie es so weit kommen konnte: Sie haben keine Lösung parat und warten auf Godot.

In dieser Endspiel-Atmosphäre kommt die vage Ahnung auf, dass „Entwicklung" möglicherweise doch nicht diese mirakulös verselbständigte Sache ist, die regelmässig in der Rubrik „ausländische Hilfe" der staatlichen Zeitungen auftauchte – und auch nicht dieses Zauberwort, das einmal jährlich mit bedeutungsvoller Stimme von einer Wahltribüne herab verkündet wird. Aber weiss man denn mehr und Besseres? Das politische Afrika scheint vorerst entschlossen, der Frage aus dem Weg zu gehen. Es organisiert sein Überleben mit Repression: gegen die zunehmenden Wutausbrüche von Bevölkerungen, die buchstäblich nicht mehr aus noch ein wissen, und gegen die Raubzüge junger Plünderer, die keine Zukunft haben. Der politischen Klasse Afrikas wachsen die Ereignisse über den Kopf. Gelähmt durch dreissig Jahre Fremdfinanzierung und Nahrungszufuhr von aussen, reagiert sie bisweilen wie ein Süchtiger unter Entzug und verlangt reflexartig die fehlende Spritze der ausländischen Hilfe; bisweilen wie ein Regenmacher, der aus voller Kehle Zaubersprüche gen Himmel schleudert, um das Manna der westlichen Hilfe für die Länder Osteuropas nach Afrika umzuleiten.

Das ist das Ende einer Epoche: Das Fest ist vorbei. Man wird sich nicht nur an die Arbeit machen müssen, sondern auch an die Abschaffung des ökonomischen Tribalismus und an die Errichtung einer transparenten Sozialordnung. Die Eliten sind beunruhigt. Sie versuchen in letzter Not, eine vor dreissig Jahren von ihren rückständigen politischen Führern verteufelte Idee wiederzubeleben, und hoffen auf das Entstehen von Solidarität innerhalb der OAU. Es ist freilich kaum anzunehmen, dass dieses Gebilde mit seinen sklerotischen Machtbefugnissen den Erwartungen gerecht werden wird. Der Begriff „dringlich" ist, selbst in den hoffnungslosesten Fällen, noch nicht in das afrikanische Brauchtum eingegangen.

Während Europa im Begriff ist, eine Wirtschaftsmacht

vom Atlantik bis zum Ural zu werden, erklärt Afrika – der grosse Verlierer des Kalten Krieges – keck, es habe noch Jahrhunderte vor sich und verfüge über Rohstoffe, die für das Funktionieren der westlichen Volkswirtschaften auf unbegrenzte Zeit unentbehrlich seien. Kann Afrika einen besseren Preis für seine Ressourcen verlangen? Davon will es nichts wissen. Afrika verachtet die wissenschaftliche Forschung, ist blind gegenüber den aktuellen Realitäten der Welt, unterschätzt die ungeheuren Kapazitäten bezüglich Innovation und Neuorientierung der Industriemächte und glaubt, es schaffen zu können: dank der Erdnuss und dank des Kakaos. Eine alte Gewohnheit, schamlos weitergeführt seit dem Jahr 1963, als die politischen Führer mit Blick auf die Zukunft Afrikas im 20. Jahrhundert erklärten: „Es wird das afrikanische Amt für Kaffee geben, das für Kakao, das für Bananen, das für Zitrusfrüchte, das für Ananas, das für Palmöl etc."

Wahrlich, die Ideen der Gründer der OAU sind beherzigt worden: Afrika hat seine Vorliebe für eine Feld-, Wald- und Wiesenwirtschaft bis heute bewahrt. Der Stand der Wissenschaft entspricht ungefähr dem des 15. Jahrhunderts. Und obwohl die Zahl der Forscher zunimmt, denken viele Afrikaner der Neuzeit nach wie vor, dass den Weissen und den Schwarzen je verschiedene Bereiche vorbehalten sind; dabei berufen sie sich auf ihre Ablehnung der Entwicklung als unterscheidendes Kulturmerkmal. Afrika nahm immer häufiger Zuflucht zu Taschenspielertricks und faulen Touren und hielt seine ziellosen Debatten zunehmend für wirkliche Entwicklungsanstrengungen. Ihre harten Äusserungen gegen den Westen verwechselten die afrikanischen Führer mit

„wahrhaft tödlichen Bomben“, die Humanitätsduselei des Westens mit der Anerkennung einer historischen Schuld.

Fiktion und Realität haben sich in dreissig Jahren, in denen sie ständig vertauscht und verwechselt wurden, so eng ineinander verwoben, dass man – um einen Anfang von Entwicklung in Afrika entdecken zu können – zuerst mit dem Entwirren des Knäuels aus Lügen und Halbwahrheiten beginnen müsste, in die sich die afrikanische Mentalität zwecks Verdrängung der Wahrheit verstrickt hat. Eine solche Neubeurteilung ist unumgänglich: Das Afrika des 21. Jahrhunderts wird rational sein – oder nicht sein.

Anmerkungen

Einleitung

1 Edem Kodjo, *Et demain l'Afrique*, Paris 1986.

2 Albert Memmi, *Portrait du colonisé*, Paris 1989 (*Der Kolonisator und der Kolonisierte*, Frankfurt 1980).

3–5 Léopold S. Senghor empfahl die Werke dieser Afrikanisten jedem, der die afrikanische Mentalität verstehen wollte. Aber besteht in ihrem magisch-religiösen Ansatz nicht eine grosse Gefahr: der Ausschluss der Afrikaner aus der Modernität, unter dem Vorwand ihrer angeblichen psychologischen Besonderheit? An diesem Ansatz interessierte Leser können trotzdem folgende Bücher konsultieren: R.P. Tempels, *La philosophie bantoue* (*Bantu-Philosophie. Ontologie und Ethik*, Heidelberg 1956); Marcel Griaule, *Dieu d'eau* (*Schwarze Genesis*, Frankfurt 1980); Léo Frobenius, *Histoire de la civilisation africaine* (*Kulturgeschichte Afrikas*, Wien 1933); Léopold S. Senghor, *Liberté 2, Nation et voie africaine du socialisme*, Paris 1971.

1. Kapitel

1 Die schlechten Leistungen Schwarzafrikas können als Ausdruck der Verweigerung der Entwicklung angesehen werden. Der Leser kann viele Informationen zu diesem Thema finden in: Ndeshyo Rurihose (Hrsg.), *L'antidérive de l'Afrique en désarroi: le Plan d'Action de Lagos*, Zaire 1985.
Siehe auch: Siradou Diallo, OAU: „Six mesures pour sauver l'Afrique", in: *Jeune Afrique* Nr. 1010, 14. Mai 1980.

2 Die Lektüre der nationalen afrikanischen Tageszeitungen ist in diesem Punkt sehr lehrreich: Durch die Übersättigung des Lesers mit verschiedenen Berichten über Grundsteinlegungen, Einweihungsfeiern von ländlichen Gesundheitsposten usw. soll die Illusion von Entwicklung geschaffen werden. Die Existenz der Regierungen soll durch die Umwandlung der Entwicklung in ein Schauspiel gerechtfertigt werden.

3 Als Beispiel kann die Reaktion des Staatschefs von Gabun auf das Werk von Pierre Pean „Affaires africaines" dienen, in: *Afrique*, „Les chefs parlent", Lausanne 1984, S. 243.

4 AKP-Staaten: Die 46 Entwicklungsländer aus *A*frika, der *K*aribik und dem *P*azifik, die mit den damals neun EG-Staaten durch die Konvention von Lomé von 1975 verbunden sind.

5 Siehe „Le dernier combat du vieux", in: *Jeune Afrique* Nr. 1453, 9. November 1988, und „Côte-d'Ivoire: fragile compromis avec le FMI", in: *Jeune Afrique* Nr. 1487, 5. Juli 1989.

6 Siehe Mobutu, in „Nous ne céderons pas aux dictats du FMI", in: *Jeune Afrique* Nr. 1007, 2. April 1980.

7 Dieser Kommentar stammt aus dem Jahr 1971, aber ist heute immer noch gültig. Siehe Mohamadou Kane, „L'actualité de la littérature africaine d'expression française", in „Réflexions sur la première décennie des indépendances en Afrique noire", *Cahiers de Présence africaine*, Sondernummer, S. 224.

8 Dieser Plan wurde von seinem Autor mit letzter Kraft während der Gründungskonferenz der OAU verteidigt. Siehe *La conférence au sommet des pays indépendants africains (Addis Abeba, Mai 1963)*, Paris 1964, S. 93–110.

9 Ein Beispiel: In einer Zeit, als sich die Elfenbeinküste mit enormen wirtschaftlichen Problemen auseinandersetzen musste, begann der Staatschef dieses Landes mit dem Bau einer Basilika; mit der Bausumme hätte man für lange Zeit die Grundbedürfnisse aller Staatsbürger abdecken können. Es ist offensichtlich, dass es in Afrika ein andauerndes Problem des Setzens von Prioritäten gibt. Ähnlich ist der Fall in Gabun gewesen, wo die Milliarden, die ausgegeben wurden, um ein völlig unnötiges OAU-Gipfeltreffen zu finanzieren, nicht ohne Folgen für die wirtschaftlichen Schwierigkeiten des Landes sind.

10 Joseph Ki-Zerbo, „L'Afrique violentée ou partenaire?", in: *Présence africaine* Nr. XLVIII.

11 Lévy-Bruhl ist ein primitivistischer Philosoph, der den technologischen Rückstand der Menschen ausserhalb des Abendlandes mit ihrer „prälogischen Mentalität" erklärte und der diese These am Ende seines Lebens widerrief. Seine Arbeiten wurden vor allem von Léopold S. Senghor in *Nation et voie africaine du socialisme*, a.a.O., und von Fodé Diawara, *Le manifeste de l'homme primitif*, Paris 1972, kritisiert.

12 Jean-Marie Albertini, *Mécanismes du sous-développement et développement*, Paris 1981, S. 254.

13 Robert Arnaut, *L'Afrique du jour et de la nuit*, Paris 1976.

14 Alain T. Hazoumé et Edgard G. Hazoumé, *Afrique, un avenir en sursis*, Paris 1988.

15 Siehe den von der Zeitschrift *Présence africaine* organisierten runden Tisch über die afrikanischen Eliten, „Elite et Peuple dans l'Afrique d'aujourd'hui", in: *Cahiers de Présence africaine* Nr. 73.

16 Wer immer im Bereich der Entwicklungshilfe in Schwarzafrika gearbeitet hat, weiss, wie sehr die ausländische Entwicklungshilfe von den Behörden und Bevölkerungen, die davon profitieren, als eine selbstverständliche Sache angesehen wird und wie schwierig es ist, eine Beteili-

gung der Bevölkerungen bei der Durchführung von Projekten zu erreichen, selbst wenn die Prioritäten von ihnen selbst festgelegt wurden.

2. Kapitel

1 Diese neue Ideologie drückt sich vor allem durch das Verschwinden des Engagements ehemaliger westlicher Marxisten für die Probleme der Dritten Welt aus.

2 Die bekannteste Kritik an dieser Philosophie ist wahrscheinlich die von Aimé Césaire. Siehe *Discours sur le colonialisme*, Paris 1955 (*Über den Kolonialismus*, Berlin 1968).

3 Man kann sagen, dass der „Tiers-mondisme" offiziell im April 1955 mit der afro-asiatischen Konferenz von Bandung entstanden und dass er in seiner militanten Form zu Beginn der achtziger Jahre, mit dem Auftauchen des „Neo-Tiers-mondisme", wieder verschwunden ist. Der Zusammenbruch des Marxismus in den Ländern Osteuropas ist ebenfalls ein wichtiges Datum in der Geschichte der Dritte-Welt-Bewegung.

4 Interessante Informationen über die Kritik zu den Begriffen Zentrum, Peripherie und Imperialismus finden sich bei Alain Lipietz in *Mirages et miracles, problèmes d'industrialisation dans le Tiers monde*, Paris 1985, Kap. 3, S. 45–63.

5 Zahlreiche afrikanische Forscher haben gegen die Theorie über ein Afrika ohne präkoloniale Geschichte angekämpft. Ich möchte als Beispiel einige Werke zitieren: Cheikh Anta Diop, *L'Afrique noire précoloniale*, Paris 1960; Joseph Ki-Zerbo, *Histoire de l'Afrique noire*, Paris 1972 (*Die Geschichte Schwarzafrikas*, Frankfurt 1986); Ibrahima Baba Kake, *La dislocation des grands empires*, Paris 1988.

6 Louis-Vincent Thomas ist einer der seltenen Beobachter, die die Unterentwicklung als den Ausdruck völlig fehlender Motivation definieren: „Wenn man richtig nachdenkt, gelangt man zu dem Schluss, dass das eigentliche Kennzeichen der Unterentwicklung die Tatsache ist, dass viele Menschen in eine Geschichte verwickelt sind, die nicht ihre eigene ist. Sie werden manipuliert und mit Lösungen konfrontiert, die sie nicht verstehen: So kommen sie dazu, nicht mehr verstehen zu wollen und alles in einer Art blinden Schicksals von den anderen zu erwarten", in: „L'idéologie dans les problèmes de développement", in: *Présence africaine* Nr. 63.

7 Siehe Claude Lévi-Strauss, *Race et Histoire*, Paris 1961 S. 23 f. (*Rasse und Geschichte*, Frankfurt 1972). Die falsche Evolutionstheorie besteht aus „der Ansicht, dass der unterschiedliche Zustand der menschlichen Gesellschaften, ob es sich um historisch weit zurückliegende oder geografisch abgelegene handelt, als Stadien oder Etappen einer einzigen Entwicklung zu behandeln sind, die einen gemeinsamen Ausgangspunkt haben und auf dasselbe Ziel zugehen". Es ist bekannt, dass Lévy-

Strauss als guter Strukturalist sich gegen diese Sicht der Dinge auflehnte, die „vorgibt, die Vielfältigkeit von Kulturen anzuerkennen". Das Problem dabei ist, dass Afrika wirtschaftlich unterentwickelt bleibt, weil es nicht die Gefahr gesehen hat, die darin bestand, den kulturellen Relativismus auf die Wirtschaft zu übertragen, und das in einer Welt auf dem Wege zur globalen Gesellschaft.

8 Dieser Kriterienkatalog umfasst die Bereiche Gesundheit, Ernährung, Grad der Alphabetisierung, Wissenschaft und Technologie.

9 Man muss glauben, dass die Afrikaner Cheikh Anta Diop und Aimé Césaire nur diagonal gelesen haben, da sie offensichtlich von ihren Werken lediglich die glanzvollen Aspekte vergangener Zivilisationen, die „für ihre moralische Aufwertung" besonders erwähnt wurden, im Gedächtnis behalten haben, während sie die Ermahnungen der Autoren, den technologischen Rückstand aufzuholen und die Fallen des Partikularismus zu vermeiden, vergassen.

10 Siehe: „Elite et Peuple dans l'Afrique d'aujourd'hui", in: *Présence Africaine,* a.a.O.

11 Die afrikanischen politischen Führer haben häufiger die rassistische Ideologie der Weissen in Südafrika herausgestellt als den phantastischen technologischen Vorsprung, auf dem sie beruhte.

12 Zur Rolle der westlichen Zivilisation in der modernen Welt, ja sogar in der Geschichte der Menschheit, siehe vor allem Claude Lévi-Strauss, *Race et Histoire,* a.a.O., S. 51–56: „Die vom Westen geschaffene Zivilisation der Welt ist problematisch, und es scheint, als sei die Unterentwicklung in Afrika das Ergebnis eines ungeschickten Kampfes gegen diesen ‚Aneignungsprozess der menschlichen Natur', der fast in eine endgültige Verwestlichung des Menschen ausgeartet wäre", *Présence africaine* Nr. LIV, S. 5.

13 Kwame N'Krumah, in *La conférence au sommet des pays africains indépendants,* a.a.O., S. 98f.

14 Ich fasse hier die Philosophie zusammen, wie sie an den verschiedenen Kongressen der schwarzen Schriftsteller und Künstler zum Ausdruck gekommen ist. Siehe vor allem den „Deuxième Congrès des écrivains et artistes noirs (Rome, 26. März–1. April 1959)", *Présence africaine,* Paris. Siehe auch „La reconquête des espaces mentaux", in: *Le Soleil,* 20. Dezember 1987, S. 7.

15 Interview, in *Sud-Hebdo* Nr. 91, 8. Februar 1990, S. 10.

16 Alain Lipietz, a.a.O., beweist, dass nach dem Ende des Zweiten Weltkriegs der Fordismus sich über den Umweg des Marshallplans auch auf Europa ausdehnt und über den Umweg der amerikanischen Hilfe auf Japan, bevor er sich in Asien ausbreitete.

17 Es ist bekannt, dass Emmanuel Dioulo, damals Bürgermeister von Abidjan, aufgefordert wurde, sich gegenüber den Afrikanern zu ent-

schuldigen, weil er behauptet hatte, dass das Los der südafrikanischen Schwarzen sich nicht wesentlich von dem der Schwarzen in afrikanischen Ländern ohne Apartheid unterscheide. Heute wird dieser Standpunkt von zahlreichen afrikanischen Journalisten geteilt.

18 So lautet der Buchtitel von René Depestres: *Bonjour et adieu à la négritude,* Paris 1980.

3. Kapitel

1 Jean-Marie Albertini, a.a.O.

2 Kwame N'Krumah, a.a.O.

3 Der Paris-Match-Redakteur Cartier forderte in den sechziger Jahren, Frankreich solle sich mehr um seine inneren Entwicklungsprobleme kümmern, anstatt in der Dritten Welt einzugreifen (Anm.d.Ü.).

4 André Glucksmann, *La bêtise,* Paris 1985, S. 27: „Unser Dritte-Welt-Engagement ist nicht antikolonialistisch, sondern antiwestlich; alles, was antieuropäisch ist, ist gut und richtig."

5 Pascal Bruckner, *Das Schluchzen des weissen Mannes,* Berlin 1984.

6 Die Kampagne „Wir sind die Schönsten und Angenehmsten", die von *Actuel* über *Paris-Match* bis hin zu *Cosmopolitan* Ende der achtziger Jahre alle Zeitschriften überschwemmte, war Teil dieser Überzeugung. Es ging damals darum, den Europäern ihr durch den „Tiers-mondisme" beeinträchtigtes Selbstbewusstsein wieder zurückzugeben.

7 Samir Amin: Ägypter, Direktor am „Institut Africain de Développement Economique et de Planification" in Dakar, Senegal, und Berater verschiedener internationaler Organisationen.

8 Die Theorie von Zentrum und Peripherie wurde von Samir Amin bekannt gemacht. Siehe *L'accumulation à l'échelle mondiale,* Paris 1970. Sie wurde von vielen marxistischen Wirtschaftsforschern kritisiert, die – überrascht von der Industrialisierung in der Dritten Welt – die Stufentheorie von Rostow übernahmen. Siehe Alain Lipietz, a.a.O.

9 Siehe Frantz Fanon, *Les Damnés de la terre,* Paris 1968 (*Die Verdammten dieser Erde,* Frankfurt 1981).

4. Kapitel

1 Daniel Defoe, *Leben und Abenteuer des Robinson Crusoe.*

2 Für die Kritik an dieser Einstellung siehe Frantz Fanon, a.a.O. Siehe auch Aimé Césaire, a.a.O.

3 Der Soziologe Youssou Mbargane Guissé definiert den Kulturalismus als „die Überschätzung der eigenen Kultur, die als autonom gesehen wird". Siehe *Tradition culturelle et développement: le cas du Japon,* Institut fondamental d'Afrique noire, Dakar, April 1987.

4 Siehe *Elite et peuple dans l'Afrique d'aujourd'hui,* a.a.O.

5 Albert Tévoèdjrè, *La pauvreté, richesse des peuples,* Paris 1978 (*Armut. Reichtum der Völker,* Wuppertal 1982).

6 Guy Adjété Kouassigan, *Afrique: révolution ou diversité des possibles,* Paris 1985 (Manuskript 1979 abgeschlossen).

7 P.E.A. Elungu, *Tradition africaine et rationalité moderne,* Paris 1987.

8 Thomas Méloné, „La critique littéraire et les problèmes du langage", in: *Présence africaine* Nr. 73, S. 3–19.

9 Fodé Diawara, *Le manifeste de l'homme primitif,* a.a.O.

10 Austin Shelton, „Le principe cyclique de la personnalité africaine", in: *Présence africaine* Nr. XLV, 1963.

11 In einem Artikel über die aktuellen Umweltprobleme zeigt Jean-Marie Albertini auf, dass die Angst vor dem technischen Fortschritt immer noch mit den Träumen vom edlen Wilden zusammenhängt. Siehe „Grandes peurs et vrais problèmes", in: *Science et Vie Economique* Nr. 52, Juli/August 1989, S. 10.

12 Der Senegal zum Beispiel verfügt zwar nicht über Erdöl in ausreichender Menge, aber die Sonne scheint das ganze Jahr über zehn Stunden pro Tag. Die Sonnenenergie könnte also diesen Mangel ausgleichen, wenn das Land ein wirkliches Forschungsprogramm in Angriff nähme.

13 Alain Lipietz, a.a.O., zeigt das Gegenteil auf: Das amerikanische Modell der Industrialisierung (Fordismus) breitet sich von 1945 an in Europa aus, bevor es in Asien Fuss fasst.

14 Die Überzeugung, dass sich das Abendland dem Untergang nähert, muss in afrikanischen Intellektuellenkreisen weit verbreitet sein, denn Edem Kodjo meinte, diesem Mythos ein Buch widmen zu müssen. Siehe *L'Occident: du déclin au défi,* Paris 1988. Siehe auch die Kritik an diesem Buch von Atsutsé Kokouvi Agbobli: „Le monde selon Edem Kodjo", in: *Jeune Afrique* Nr. 1452, 2. November 1988, S. 56f.

15 Symbolisiert in der Geschichte vom Turmbau zu Babel.

16 Wir zitieren hier aus dem Gedächtnis die Aussagen des Rabbiners von Paris nach einer Ausgabe von *Evénement du Jeudi* zum Thema Gott, 1989.

17 Léopold S. Senghor, *Nation et voie africaine du socialisme,* a.a.O., S. 271f.

18 Was den Einfluss der marxistischen Denkrichtung auf die afrikanischen Eliten betrifft, siehe: Louis Vincent Thomas: „Essai sur le rôle de l'idéologie dans les problèmes du développement", in *Présence africaine* Nr. 63, und Pierre Fougeyrollas: „La pensée de Marx et le devenir de l'Afrique", in: *Présence africaine* Nr. 63.

19 Babacar Kanté: „La démocratie dans les régimes politiques ouest-africains: essai de réflexion théorique", in *Annales africaines, Revue de droit, d'économie et de gestion de la Faculté des Sciences juridiques et économiques de l'Université de Dakar,* 1983/84/85, S. 101 f.

20 Es handelt sich um die Atomversuche Frankreichs in der Sahara.

21 Jean Ziegler schreibt, Albert Tévoèdjrè hätte sich gewünscht, dass Hit-

ler ein Denkmal errichtet worden wäre, weil er die Absurdität der Begriffe „höherwertige und minderwertige Rassen“ bewiesen habe. Das war natürlich ironisch gemeint. Siehe *Afrika: die neue Kolonisation,* Darmstadt 1980. – Dieser Gedanke wurde von Idi Amin Dada wieder aufgegriffen.

22 Aimé Césaire, a.a.O.

23 Siehe Jean Maquet: „Le relativisme culturel“, in: *Présence africaine* Nr. XXIII, Dezember 1958/Januar 1959, S. 67. Der Autor hat das Verdienst aufzuzeigen, dass der Relativismus nicht auf die Technik übertragbar ist. Siehe auch Claude Lévi-Strauss, *Race et Histoire,* a.a.O., Kapitel 9, über die Zusammenarbeit der Kulturen, S. 69–77.

24 Die Begeisterung einiger Angehöriger der afrikanischen Elite für das kubanische Experiment drückte sich vor allem in Artikeln von René Depestres aus. Siehe „Lettres du Cuba“, in: *Présence africaine* Nr. LVI, 1965.

25 Dieser Gedanke ging kurz vor der Unabhängigkeit von der Fraktion jener Afrikaner aus, die gegen die Entstehung einer Gemeinschaft mit Frankreich oder gegen die Idee eines Euroafrika waren. Am stärksten wurde dieser Gedanke in dem guineischen Experiment Sékou Tourés ausgedrückt. Siehe *Deuxième Congrès des Ecrivains et Artistes noirs,* a.a.O.

26 Léopold S. Senghor, *Nation et voie africaine du socialisme,* a.a.O.

27 Basil Davidson berichtet, dass ein gewisser Grottanelli 1961 von afrikanischen Skulpturen, die von den Europäern als primitiv eingeschätzt wurden, bemerkte, dass es sich dabei um Produkte „auf dem Höhepunkt“ und nicht um solche am „Ausgangspunkt“ handle. Man findet in dieser Bemerkung die Auffassung von der „gewollten rudimentären Einfachheit“ der afrikanischen Gesellschaften wieder und – in einem weiteren Schritt – die Vorstellung von „Wilden“, die mit der Gabe der Vorahnung und der Voraussicht ausgestattet sind. Auf diesen Vorstellungen sollten afrikanische Intellektuelle von den sechziger bis in die achtziger Jahre Entwicklungsmodelle für Afrika entwerfen.

28 Dieser Gedanke wird von Léopold S. Senghor in *Nation et voie africaine du socialisme,* a.a.O., S. 276, ausgeführt.

29 Zitiert von Aimé Césaire, in: *Discours sur le colonialisme,* a.a.O.

30 Léopold S. Senghor, a.a.O., S. 254 f. Das ist der Mythos vom „Neger“, der den Verdammten der Maschinen-Zivilisation seelische Wärme liefert.

31 Siehe Kapitel 12 dieses Buches über das „negro-afrikanische“ Management.

32 Tibor Mende ist bekannter dafür, dass er die „Artischocke“ der Hilfe Blatt um Blatt demontiert hat (in seinem Buch *Überfluss und Armut,* Düsseldorf 1972) als für seine Kritik – lange vor Erscheinen des Berg-

Berichts –, dass ungefähr 15 Prozent der Entwicklungshilfe von der politischen Klasse der betroffenen Länder unterschlagen werden.

33 Siehe Sennen Andriamirado, „Au-then-ti-ci-té“ in: *Jeune Afrique* Nr. 1431, 8. Juni 1988, S. 75.

5. Kapitel

1 Walt Whitman Rostow, *Les étapes de la croissance économique*, Paris 1963 (*Stadien wirtschaftlichen Wachstums: eine Alternative zur marxistischen Entwicklungstheorie*, Göttingen 1960).
Rostow war von 1966–1969 Berater des amerikanischen Präsidenten für Fragen der nationalen Sicherheit. (Anm.d.Ü.)

2 Siehe insbesondere den geschichtlichen Überblick der Wirtschaftstheorien von Samir Amin in: *Encyclopaedia Universalis* Band 5, 1982, S. 502–506.

3 Für die Neo-Evolutionstheorie siehe Alain Lipietz, a.a.O.

4 Siehe besonders André Glucksmann, a.a.O.

5 Alain Lipietz, a.a.O.

6 Der Ausdruck stammt von Ahidjo: aber im allgemeinen galt N'Krumah als „schwarzer Imperalist“ und ihm wurde oft vorgeworfen, „in seinen Nachbarländern die Subversion zu finanzieren“; siehe den ausgezeichneten Rückblick auf die Geschichte der OAU von Sennen Andriamirado in: *Jeune Afrique* Nr. 1431, 8. Juni 1988.

7 Siehe besonders Raymond Barre, *Réflexions pour demain*, Paris 1984, S. 326.

8 Als Beispiel siehe „Paradoxe: la manne extérieure se rétrécit“, in: *Le Soleil*, 14. Mai 1987, S. 17.

9 Edem Kodjo, a.a.O., S. 120.

10 Das sind hauptsächlich die Länder der Dritten Welt, deren Industrieerzeugnisse mehr als 25 Prozent des Bruttoinlandproduktes oder mehr als 50 Prozent der Exporte betragen.

11 Jean-Marie Albertini, a.a.O., S. 11.

12 In Schwarzafrika sehr verbreitete Ansicht, die häufig von Julius Nyerere, ehemaliger Präsident der Republik von Tansania, vertreten wurde.

13 Jean-Marie Albertini, a.a.O.

14 Siehe Hervé Bourges, *Décoloniser l'information*, Paris 1978.

15 Über die ideologischen Betrügereien der westafrikanischen Regierungen siehe den Artikel von Babacar Kanté, a.a.O.

16 Man erinnert sich insbesondere daran, dass Lansana Conté die Macht in Guinea ergriffen hatte, um in diesem Land „die Menschenrechte wieder einzuführen“, und statt dessen eine Diktatur von dem Ausmass derjenigen von Sékou Touré errichtete. Siehe „Plusieurs des auteurs du putsch de 1985 sont morts en détention avant de passer en jugement“, in: *Le Soleil*, 4. Dezember 1987, S. 21.

17 *Accelerated Development in Sub-Saharan Africa (An Agenda for Action)*, The World Bank, Washington D.C., 1981.

18 ibd., S. 1–8.

19 Siehe „La catastrophe écologique", in *Le Monde Diplomatique*, Januar 1989, S. 7.

20 Eine gute inhaltliche Zusammenfassung der von der Weltbank und dem Internationalen Währungsfonds empfohlenen Strukturanpassungspolitik findet sich in *Accelerated Development in Sub-Saharan Africa*, a.a.O., S. 4–6.

21 Frantz Fanon, *Les damnés de la terre*, a.a.O., S. 166 f.

22 Aimé Césaire, *Discours sur le colonialisme*, a.a.O.

6. Kapitel

1 Siehe Fodé Diawara, *Le manifeste de l'homme primitif*, a.a.O., S. 100.

2 Albert Tévoèdjrè, *Pauvreté, richesse des peuples*, a.a.O., S. 49.

3 Frantz Fanon, *Peau noire, masques blancs*, Paris 1952, S. 185 (*Schwarze Haut, weisse Masken*, Frankfurt/M. 1980).

4 Henry Hogbe-Nlend, „Les deux voies de la renaissance technologique", in: *Jeune Afrique* Nr. 1043, 31. Dezember 1980, S. 66.

5 Dieses dritte Erbe kann als eine Perversion der „Négritude" definiert werden. Im wesentlichen besteht der Vorgang darin, Césaire in der Diagonale zu lesen, dabei nur die Sehnsucht nach der Vergangenheit im Gedächtnis zu behalten, und zwar so, wie diese Sehnsucht in seiner berühmten Rede über den Kolonialismus zum Ausdruck kam, und schliesslich seinen tiefen Hass auf den Partikularismus stillschweigend zu übergehen.

6 Mohamadou Kane definiert den Traditionalismus in Anlehnung an Balandier als eine militante Haltung, deren Ziel die Aufwertung der Tradition ist. Siehe *Roman africain et tradition*, Dakar 1982.

7 Der folgende Text Fanons ist immer noch sehr aktuell: „Es zeigt sich also, dass die ursprüngliche Schwarzweiss-Malerei, die die Gesellschaft beherrschte, während der Zeit der Entkolonialisierung so beibehalten wird. Der Kolonist wird nämlich unaufhörlich als Feind, als Widersacher, oder, noch genauer, als Mensch betrachtet, den es zu töten gilt", in: *Les Damnés de la terre*, a.a.O., S. 17.

8 Um zu verstehen, dass es das von den Europäern ausgearbeitete „internationale Recht auf Besitzergreifung" ohne deren „Entdeckungen" im 15. und 16. Jahrhundert in Übersee wahrscheinlich nie gegeben hätte, sollte man das Werk von Mohammed Bedjaoui mit dem Titel *Pour un nouvel ordre économique international*, Paris 1979, lesen.

7. Kapitel

1 Die endogenen und exogenen Einflüsse werden in Afrika ins Spiel gebracht, sobald es um die Definition des Schwarzen im Vergleich zum Weissen geht. Da dieses Vorgehen in den gebildeten Schichten und in der politischen Klasse Schwarzafrikas noch sehr verbreitet ist, will ich mich damit begnügen, den Leser auf folgende Werke und Artikel zu verweisen: Louis-Vincent Thomas: „Senghor, à la recherche de l'homme nègre", in: *Présence africaine* Nr. LIV, Paris 1965, S. 7–45; Frantz Fanon, *Peau noire, masques blancs,* a.a.O.; René Depestres: *Bonjour et adieu à la négritude,* a.a.O.; Edem Kodjo, *Et demain l'Afrique,* a.a.O. *(Le regard d'autrui).*

2 Siehe *Race et Histoire,* a.a.O.

3 ibd.

4 Cheikh Anta Diop, „Sociologie africaine et méthodes de recherches", in: *Présence africaine* Nr. XLVIII, S. 183 und 186.

5 Alain Lipietz, a.a.O., und Jean-Marie Albertini, a.a.O., betrachten die Industrialisierung der Dritten Welt anscheinend als Beweis für die Möglichkeit, Technologien zu „transferieren". Und tatsächlich haben die meisten der neuen Industrieländer, von denen man heutzutage so viel spricht, die europäische Technologie übernommen. Sind sie deshalb untergegangen?

6 Das durch Henry Ford begründete System der Zerlegung der Arbeit in einzelne Arbeitsschritte und die Messbarkeit derselben. (Anm.d.Ü.)

8. Kapitel

1 Théophile Obenga, *La dissertation historique en Afrique,* Dakar/Paris 1980.

2 Im Vorwort des Werks von Joseph-Roger Benoist, *L'Afrique occidentale française de 1944 à 1960,* Dakar 1982.

3 ibd.

4 Im wesentlichen erklärte Jean Daniel in einem Artikel über den Barbie-Prozess, die Leiden der Afrikaner seien nicht zu vergleichen mit den Leiden des jüdischen Volkes. (Ich zitiere ihn aus dem Gedächtnis.)

5 Siehe *Le Monde* vom 19. Dezember 1990.

6 Frantz Fanon, *Les Damnés ...,* a.a.O.

7 Djibril Tamsir Niane, *Soundjata ou l'épopée mandingue,* Paris 1960.

8 Siehe Ibrahima Baba Kake, *La dislocation des grands empires,* Paris 1988. Siehe auch Elikia M. Bokolo, *L'Afrique moderne,* Paris 1988.

9 Siehe *La dislocation des grands empires,* a.a.O.

10 Chaka der Grosse, der Häuptling der Nguni-Völker, der diese Anfang des 19. Jahrhunderts zum mächtigen Volk der Zulus vereinigte und der als hervorragender Armeeführer in die Geschichte eingegangen ist. (Anm.d.Ü.)

11 N̄deshyo Rurihose, a.a.O.

12 Diese Sichtweise stammt vor allem von Ahmadou Kourouma, *Les soleils des Indépendances,* Paris 1970.

13 Gedacht ist hier an die „Verbreitung“ des Fordismus auf der gesamten Welt seit 1945. Siehe Alain Liepitz, a.a.O.

14 Siehe Robert Arnaut, *Sur les traces de Brazza,* Paris 1989.

15 Mobutu wurde einmal von einem afrikanischen Journalisten gefragt: „Ist es Ihrer Meinung nach für die Afrikaner nicht unehrenhaft, dass Afrika der einzige Kontinent der Erde ist, der nur einmal pro Jahr mit einem einzigen Land einen Dialog führt, nämlich mit Frankreich? Finden Sie es nicht unehrenhaft, dass die Afrikaner jedes Jahr das Bedürfnis verspüren, sich mit Frankreich über die Probleme Afrikas zu beraten?“ Mobutu erklärte hierzu folgendes: „Sie sprechen von Schande und Erniedrigung; ich sehe das nicht so. Jeder ist stolz auf das, was er ist; jeder, ob wohlhabend oder arm, ist stolz auf seine Würde in Afrika.“ Interview in *Afrique: les chefs parlent,* a.a.O., S. 42.

9. Kapitel

1 Fodé Diawara, a.a.O., S. 139.

2 Babacar Kanté, a.a.O., S. 110.

3 *Afrique: Les chefs parlent,* a.a.O., S. 47. Der Präsident Zaires begründete die Verhaftung von dreizehn Abgeordneten seines Landes mit dem Recht auf Andersartigkeit.

4 Aimé Césaire, *Discours sur le colonialisme,* a.a.O., S. 29.

5 Vgl. den runden Tisch, den *Présence africaine* zum Thema der Eliten Afrikas organisiert hat, a.a.O. Siehe auch 4. Kapitel: „Freitags Rache“.

6 Ich glaube nicht an die Macht der Bomben. Die afrikanischen Staaten könnten die ausländischen Einflüsse beträchtlich verringern, wenn sie Entwicklungspläne entwerfen würden, die eine Maximierung der Produktivität ihrer Mitbürger in allen Bereichen brächten.

10. Kapitel

1 In: *Le Soleil* vom 30. Juni 1988.

2 In: *Réflexions sur la première décennie des indépendances,* a.a.O., S. 226.

3 Auszug aus Gedichten aus der Rubrik „Nos lecteurs ont du talent“ der Zeitschrift *Jeune Afrique.*

4 Zitat aus Henry Bourgoin, *L'Afrique malade du management,* Paris 1984.

5 Claude Lévi-Strauss, *Race et Histoire,* Paris 1961, S. 10.

6 Siehe Babacar Kanté, *La démocratie dans les régimes politiques ouest-africains,* a.a.O. Diese Meinung ist ebenfalls zu finden bei René Depestres, *Bonjours et adieu à la négritude,* Paris 1980.

7 Mobutu, Interview in: *Jeune Afrique magazine*, Nr. 47, April 1988.

8 Milan Kundera, *Die unerträgliche Leichtigkeit des Seins*, München 1986.

9 Einige Afrikanisten, wie Yves Person, sind sogar soweit gegangen, die Schaffung von Nationen auf der Basis der Ethnien zu befürworten. (Ich gebe den Standpunkt dieses Forschers wieder, den er anlässlich einer von der Zeitschrift *Jeune Afrique* über die Begriffe Staat und Nation organisierten Diskussion zum Ausdruck gebracht hat.)

11. Kapitel

1 Ein hervorragender Gesamtüberblick über die Grundideen dieser Bewegung findet sich in *Bonjour et adieu à la négritude*, a.a.O.

2 Dies wollte Tchicaya U'Tamsi zum Ausdruck bringen, als er erklärte: „... ich persönlich habe nie die Bande mit Afrika abgeschnitten und habe das Problem der Akkulturation nie als solches empfunden", in: *Le Soleil*, 4. Februar 1988, S. 8. U'Tamsi misstraute der „Négritude" ganz besonders.

3 Im Vorwort zum Werk von Joseph-Roger de Benoist, a.a.O.

4 In: *La conférence de Berlin*, Dakar 1985, S. 101.

5 ibd.

6 Pathé Diagne, „Les langues africaines, développement économique et culture nationale", in: *Réflexions sur la première décennie des indépendances*, a.a.O., S. 337–378.

7 Zitat aus der Zeitschrift *Jeune Afrique* Nr. 742, S. 28.

8 Statistiken zitiert von Philippe Hugon in „Problèmes de l'emploi en Afrique noire francophone et anglophone", in: *Réflexions sur la première décennie des indépendances*, a.a.O., S. 185. 1960 wurde die Bevölkerung Afrikas auf 270 Millionen geschätzt.

9 Frantz Fanon, *Les Damnés ...*, a.a.O.

10 René Depestres, *Bonjour et adieu ...*, a.a.O.

11 Basil Davidson, *L'Afrique au XXe siècle*, Paris 1978.

12 Cheikh Anta Diop, *L'Unité culturelle de l'Afrique noire*, Paris 1982, S. 43.

13 In: *Histoire générale de l'Afrique*, Présence africaine/Edicef/UNESCO, Paris 1986, S. 403.

12. Kapitel

1 Albert Memmi, „La décolonisation", in: *Encyclopaedia Universalis*, Band 5, S. 364–367.

2 Bernard Kotchy, in: *Réflexions sur la première décennie des indépendances*, a.a.O., S. 369.

3 Israël Katoké, „Culture et Education", in: *Educafrica*, Bulletin der Regionalvertretung der UNESCO zur Erziehung in Afrika, Nr. 8, Juni

1982, S. 46. Es sei jedoch gesagt, dass sich der Autor für die Öffnung Afrikas gegenüber der Aussenwelt ausspricht.

4 Noch lange über das Ende der Kolonialzeit hinaus lernten afrikanische Kinder der früheren französischen Kolonien im Geschichtsunterricht: „Nos ancêtres étaient les Gaulois.“ – „Unsere Vorfahren waren die Gallier.“ (Anm.d.Ü.)

5 Edem Kodjo: *Et demain l'Afrique,* a.a.O., S. 143.

6 Théophile Obenga, *La dissertation historique en Afrique,* a.a.O., S. 17.

7 Baba Hakim Haidara, in Vorwort zu *Educafrica,* Sonderausgabe, 1983, S. 9. Siehe auch Henry Hogbe-Nlend, in: *Le Soleil,* 18. April 1988, S. 5.

8 Quelle: *Educafrica,* Sonderausgabe, 1983, a.a.O.

9 Mwatha Ngalasso, „Les problèmes culturels de l'Afrique“, in *La Conférence de Berlin,* Dakar 1985, S. 95.

10 Cheikh Anta Diop, *L'unité culturelle de l'Afrique noire,* a.a.O., S. 9.

11 Kwame N'Krumah, „Africanisme et culture“, in: *Présence africaine,* Nr. XI, S. 11.

12 Siehe die Empfehlungen der Erziehungsministerkonferenz der Mitgliedstaaten der UNESCO in Lagos von 1976, in: *Educafrica,* Sonderausgabe, a.a.O.

13 Léopold S. Senghor, *Nation et voie africaine ...,* a.a.O.

14 Frantz Fanon, *Les Damnés ...,* a.a.O., S. 8–9.

15 Ndeshyo Rurihose, a.a.O., S. 26.

13. Kapitel

1 Henry Bourgoin, *L'Afrique malade du management,* Paris 1984, S. 49.

2 Aimé Césaire, *Discours sur le colonialisme,* a.a.O., S. 37. Dies ist eine Kritik an der berühmten Bantuphilosophie von R.P. Tempels.

3 Henry Bourgoin, a.a.O., S. 9–10.

4 ibd., S. 35.

5 Dieses Nahrungsmittel ist meiner Ansicht nach ein schlecht gewähltes Symbol für die schwarzafrikanische Authentizität: Maniok, Mais und Süsskartoffel sind Pflanzen amerikanischer Herkunft. Die Portugiesen haben sie ab dem 16. Jahrhundert in Afrika eingeführt.

6 Henry Bourgoin, a.a.O., S. 205–206.

7 ibd., S. 35.

8 ibd., S. 36.

9 ibd., S. 205.

10 ibd., S. 214.

11 ibd., S. 213.

12 ibd., S. 85.

13 ibd., S. 185.

14 ibd., S. 144.

15 ibd., S. 136.

16 ibd., S. 211.
17 ibd., S. 215.
18 ibd., S. 214.
19 Jean-Marie Albertini, *Mécanismes ...*, a.a.O., S. 11.
20 Présence africaine/Edicef/Unesco, *Histoire générale de l'Afrique*, Band I, S. 404.
21 In Westafrika Männer und Frauen, die einer speziellen Kaste angehören und die als Musiker, Sänger und Dichter ursprünglich die Geschichte in der oralen Tradition bewahrten und an Zeremonien und Festen auftraten, wobei die noble Herkunft der Herrschenden besungen wurde. Heute überwiegt letzteres, wobei das Geld die entscheidende Rolle spielt: Jeder Reiche wird oft überschwenglich und oft ungebeten mit langen Lobtiraden überschüttet, bis er zahlt und abwinkt. (Anm. d.Ü.)
22 Tontine: Spartopf, in den eine bestimmte Anzahl von Personen regelmässig eine kleine Summe einzahlt, wobei die Gesamtsumme in einem festgelegten Rhythmus der Reihe nach jedem Mitglied der Gruppe zufällt. Die Tontine ist in Afrika vor allem unter Frauen weit verbreitet; auf diese Weise können sie in bestimmten Abständen stets mit einer höheren Summe rechnen. Die Tontine wird von einer Kassiererin verwaltet. Die Zahlungsmoral ist hoch und Missbrauch äusserst selten. (Anm. d.Ü.)
23 Im Zug seiner Afrikanisierungspolitik befahl der Präsident Zaires, der damals Joseph Désiré Mobutu hiess, dass jeder Bürger seines Landes die französischen Namen gegen neue afrikanische umtausche. Mobutu hiess künftig Mobutu Sese Seko Nkuku Ngbendu wa za Banga, was übersetzt bedeutet: Der übermächtige Krieger, der kraft seiner Unbeugsamkeit von Sieg zu Sieg eilt. (Anm. d.Ü.)
24 Die senegalesische Tageszeitung *Le Soleil* berichtet regelmässig von Männern und Frauen, die von Individuen betrogen worden sind, welche angeblich aufgrund magischer Kräfte Banknoten vermehren können. Ähnliche Geschichten lassen sich in *Fraternité-Matin* (Tageszeitung der Elfenbeinküste) finden.
25 Siehe Ahmadou Kourouma, *Monnè, outrages et défis*, Paris 1990.

14. Kapitel

1 Présence africaine/Edicef/Unesco, *Histoire générale de l'Afrique*, Band I, 1986.
2 Cheikh Anta Diop, *L'unité culturelle de l'Afrique noire*, Paris 1982.
3 Théophile Obenga, *La dissertation historique en Afrique*, a.a.O.
4 Basil Davidson, *L'Afrique au XXe siècle*, Paris 1979.
5 Samory Tuse, Sohn eines fahrenden Händlers, stieg zu einem militärischen und politischen Führer grossen Formats auf, der durch Eroberungen und geschicktes Taktieren auch mit den Europäern im Gebiet